元・しくじりママが教える
不登校の子どもが本当にしてほしいこと

一般社団法人
家族心理サポート協会 代表理事
鈴木理子
RIKO SUZUKI

すばる舎

はじめに

このまま娘が学校に行けなかったらどうしよう!?
あの子の人生が終わってしまう！

明るい将来なんて見えなくて、**不安と焦りに身体中を焼き尽くされるような苦しみ**に悶えていたあの頃を、今でもまざまざと思い出します。

実際には、学校に行けないからといって娘の人生は終わらないし、明るい将来だってやってくる。でもそのときは、娘と一緒に永遠に暗闇の中をさまようしかないのかと、本気で思っていました。

みなさん、はじめまして。

一般社団法人家族心理サポート協会代表理事の鈴木理子です。

娘が不登校になったのをきっかけに、親子の関わり方を心理学をベースとして学び、見直し、同じように苦しむ方々をサポートするために日々活動しております。

これまでに600人を超える親御さんたちの相談に乗ってきました。私の講座は学校に戻ることより、家族関係の修復に主眼を置いていますが、**受講後1年で約93%が復学・就職**を果たしています。

今でこそ、自分の経験を教訓としてみなさんにお伝えできるようになりましたが、あの地獄のような苦しみは決して忘れることができません。

私が子どもの頃は、**「不登校」という言葉すら一般的ではありませんでした**が、現在では不登校の生徒が年を追うごとに増加していることが文部科学省の調査でもわかっています。

9年前の夏、中学3年生だった私の娘のサナも、数多くの不登校の生徒のひとりとなりました。

でも、いくら世間では増えている、たくさんいると言われていても、自分の娘となると「よくあることね」なんて思えません。

きちんと通学する子どもの方が、圧倒的に多いのですから。

それからは、まるで**終わりのないトンネルの中に迷い込んだよう**。きっと身体のどこかが悪いのだろうと、いろいろな病院にサナを連れ回し、おそらくは鬼の形相で、不登校の原因を探ろうと躍起になっていました。

何がいけないの?
どうしてなの?
いつになれば「普通」に戻るの?

文字通り、胃に穴が開くまで悩みました。

その頃を振り返って、当時の私と同じように苦しんでいるたくさんの親御さんに対して、まず強くお伝えしておきたいことがあります。

原因を探る中で、「**子どもの不登校は自分のせいなのでは**」と悩まれているかもしれませんが、不登校は決して親個人のせいではありません。

どうぞご自分を責めないでください。

私自身、娘への接し方で反省点は数え切れませんが、今は自分だけが悪かったわけではないと思っています。詳しくは本書で述べていきますが、不登校は**子どもを取り巻く環境**、ひいては日本の教育制度に起因するところが大きいのです。

では、親ができることはないのかというと、もちろんそんなことはありません。

私の娘を含めた元・不登校児は、異口同音に「**学校に行けなかったときはエネルギー不足のようだった**」と話してくれます。一度は子どもが失った、生きるエネルギーが〝充電〟されるよう、家庭を安全基地にするのは親の役割です。

そのためには子どもとの接し方や自分自身を省みて、より良くならねばなりません。

私が変われたのです。きっと、これを読んでいるあなたも変われます。

本書では、まずはプロローグとして、「**我が家の不登校騒動記**」をお届けします。

娘のサナがある日突然、登校できなくなったことではじまった苦しみの日々。親子で悩み、成長し、再び登校するまでにあったことを余すところなく記しました。

第1章では、子どもの不登校に直面したとき、かつての私を含めた「しくじりママ」がやりがちな**3つのNG行為**と、**本当に親がすべきこと**を端的にお伝えします。

そして第2章では、不登校の子どもが親を悩ませる、5つの代表的な問題行動、「**閉じこもり**」「**暴言・暴力**」「**幼児返り**」「**自傷行為**」「**強迫行動**」への対処法を、タイプ別に具体的に解説します。それぞれを克服したご家庭の事例も匿名で掲載しました。

続く第3章では、子どもと向き合うために、**親の心を整える**ことを目指します。親自身が縛られている「◯◯すべき」「◯◯せねば」といった思考はどこからくるのか、そうした「呪い」を解くにはどうしたらいいのか、順を追って解説します。

第4章では、不登校の子どもが生きるエネルギーを取り戻すために、親が関わる中で心がけるべきことをお伝えします。相手に**本当に共感し、話を聞き切る**ために身に付けたいコツとは？　シンプルながら、できていない親がほとんどです。

しめくくりとなる第5章では、数え切れない相談例から私がたどりついた、「**親も子も幸せになる理想の関係**」の結論を記しました。

また各章末ではコラムとして、私の娘のサナに、不登校のただ中で感じていたこと、ママ（私ですね……）へ渦巻いていた不満、今では「不登校になって良かった！」と言い切れる理由などを、赤裸々に語ってもらいました。

不登校の子どもが本当にしてほしいことがわからない！　という方には大いに参考になるかと思います。

不登校問題のゴールは復学ではなく、親子の関係が心地良いものとなり、それぞれが自分の人生を大切にできるようになることです。

本書が、その一助になりますように。

鈴木理子

不登校の子どもが本当にしてほしいこと

目次

第2章 5つの行動傾向との向き合い方

第3章 親を苦しめる「呪い」の真実

第4章 不登校を解決する親と子の関わり方

第5章 親も子どもも自分らしい人生を歩む

プロローグにかえて　～我が家の不登校騒動記～

ある朝、突如はじまった地獄の日々――。

まずは我が家の『不登校騒動記』を、自分の「**しくじりママ**」ぶりも反省しながら、告白しようと思います。

天真爛漫な末っ子が笑顔を失くした

我が家の子どもは3人姉妹。

長女があるスポーツに打ち込んでいたことから、次女、三女も幼少期から同じスポーツに明け暮れる毎日でした。

姉2人はとにかくそのスポーツが大好きで、厳しい練習も厭わず楽しんでいましたが、サナは練習に行ってもそこでお友だちと遊んだりお喋りに忙しくて、私はそれを歯がゆく思っていました。

やがて、子どもたちは中学校へ進学する年頃になっていきます。

実は、私と夫は同じ大学を卒業していて、長女と次女も、中学から同じ大学の付属校に入学しました。**家族5人のうち4人が、同じ学校となった**わけです。

いよいよサナも中学受験。もちろん、姉たちと同じ付属中学を受験したのですが、残念ながら不合格。第2志望の中高一貫校に入学することになりました。

このとき、私は自分の中学受験の失敗を思い出します。私も、家族中が同じ学校だったのに、自分だけが同じ学校に入学できなかった過去を持っています。

でも、高校受験で頑張ってその学校に合格。リベンジできました。めでたく家族みんなと話が合うようになり、高校・大学時代をとても楽しく過ごしたのです。

「私なら、サナの気持ちがわかる！　第2志望の学校に入学するけれど、大学では必ず、私たちの仲間に入れるようにサポートしなくちゃ！」

娘と自分を重ね合わせた私は、中学に入学したらすぐに「**さあ、塾に行くわよ！**」「**テスト勉強しなきゃね**」「**成績は○番以内をキープね！**」と張り切っていました。

でも、そんな私に対して当の本人は、どんどん生気を失っていたのです。

そのことに、私はあまり気づいていなかったのでしょうか。それとも、気づかないふりをしていたのでしょうか。思い返してみても、よくわかりません。

小学校時代は発想がユニークで、天真爛漫でいつもにこにこしていたサナだったのに、中学校の入学式の写真を見ると、すでに眉間にしわが寄っています。

中学に入る頃にはもう、完全に自信を失くしていたのです。

スポーツでもお姉ちゃんたちに及ばない。家族全員が入った学校に入れない。自分は何をやってもうまくいかない。お姉ちゃんたちとも話が合わない。**私の居場所はどこにもない**。私はこの家の一員になれない……。

やがて、入学した頃は上位だった成績も下降していき、なんとか続けていたスポーツの朝練にも行けなくなっていきました。

「身体が鉛になったみたい」

中学3年生の夏休み直前のことです。

朝、叩いてもゆすってもサナが起きられない日がありました。

「自分が鉛になっちゃったみたいに、身体が重いの」

目はうつろで、その日は気を失ったようにこんこんと眠り続けていました。

その後の数日も寝込みましたが、「何日か休めば治るでしょ」と思った私はあまり気に留めずに学校を休ませて、登校しないまま夏休みに突入しました。


夏休み中のサナは、大好きなアイドルグループ「Hey! Say! JUMP」の推し活にいそしみます。

お誕生日プレゼントに大阪で開催されるコンサートをねだられ、年齢を考えて私も大阪まで付き添い、サナが推し活仲間とキャッキャと楽しむ姿を見て安心しました。

ご機嫌に過ごした夏休み。さあ、2学期からはまた元気に学校に行くでしょ！

そう思っていたのに……。

玄関で立ち尽くす娘を追い立てる

新学期3日目から、サナは玄関で立ち尽くすようになりました。

私には理解できず、さっさと行動しない娘にイラつくばかり。

「何やってんの!? 遅れるから早く学校に行きなさいよ!」

それでも立ち尽くすサナを、押し出すように玄関から追い立てました。

だって、学校に行かないなんてあり得ない。私がちゃんと行かせないと、この子の人生は終わってしまう……。

そのときは、**「背中を押す」ことが親の役目だ**と思っていました。

ニートになったらどうしよう。引きこもりになったらどうしよう。80代の親が引きこもりの50代の子どもの世話をする「8050問題」が、他人事じゃなくなっちゃう!

そんな恐怖心と闘いながら。

本当は、**不登校とニートや引きこもりはまったく別問題**なのですが、知識もなかった私には全部同じように思えて、ただただ怖かったのです。

無理やり玄関から押し出し、しばらくしてから窓の外を見ると、まだサナが立ち尽くしている。それでもなんとか、登校してくれた。そんな日が2、3日続いてから、ついにサナは**ベッドからまったく起き上がることができなくなりました**。

結局、中3の夏休み明けから3月まで、ほぼ通学することなくサナは中学を卒業しました。一貫校なので、受験がなくそのまま高校に上がれたことはラッキーでした。不登校になった理由をあえて探すならば、おそらくクラス替えで友だち関係がうまくいかなくなったことです。でもそれは、きっかけにしか過ぎません。その悩みが解消しても、学校に行くことができなかったのですから。そして、その理由は**本人にもわかっていませんでした**。

私はと言えば、娘が変になっちゃった！　と焦るばかり。きっと何か病気なんだ。なんとか、この子を治さなくちゃいけない。**サナ本人に問題がある**と考えて、それを解決するのが母親の役目だと信じ込んでいました。

ますます険悪になる母娘の関係

中学の卒業式の日に、サナは担任の先生と私に宛てて手紙をくれました。その手紙には「**高校からは頑張ります**」と書いてあって、とてもホッとしたことを覚えています。

実際、高校1年生の夏休み前までは、欠席日数はたった1日。もう治った、大丈夫！　意外と短く済んで良かった……。私はそう思っていましたが、実はこの「**治った**」という言葉自体、娘に問題がある、どこかが悪いと思っていた証拠です。後になって、まったくそうではなかったことを思い知ることになります。

高校1年の夏休みも推し活で楽しく過ごしていた娘は、また夏休み明けからパッタリと通学できなくなりました。

もう治ったと安心していただけに、私のショックも大変なものでした。

しかも、時々学校に行く日は、**2時間もかけて入念にメイクをします**。そして、学校に着くと**すぐに席で寝てしまう**。傍から見れば、ただ単に素行が悪くなったようにしか見えません。

でも、実はそうではなかったのです。

まず、メイクをするのは彼女にとっては武装でした。

不登校の子は自己肯定感（ありのままの自分を認め、好意的に受け止めることができる感覚）が低く、自分に自信が持てません。そこへ、男子から自分の容姿について言われたことを小耳にはさんで、**容姿コンプレックス**になってしまっていました。

コンプレックスがあるから、しっかりメイクをして髪もぐるぐるに巻くことで、心に武装をしていたわけです。

学校に着くとすぐに寝てしまうのも、不登校になると昼夜が逆転して朝が起きられなくなるので、学校に行こうと思ったら**朝まで眠らずに家を出る**のです。

あまり動かずに体力が落ちているうえに、まったく眠っていないので、席に着いたら眠らずにはいられなかったんですね。

今になってみれば、サナの立場に立って落ち着いて考えられるのですが、当時の私はイライラを募らせていました。「メイクすることで学校に行けるなら、まあ仕方ない」と、自分を納得させていたものの、**なんとか継続して登校させるにはどうすればいいのか**とあれこれ悩んでいました。

先生方も、理解のある一部の方を除いては、娘の様子を苦々しく思っておられたことでしょう。

私自身もそうでしたから、そういう先生方を責めることはできません。

呼び出されてご指導を受けるようなこともありましたが、温情のある学校でしたので、ありがたいことに厳しく処分されることはなかったのです。

LINEアイコンの横に「死ねマン」

相変わらずほとんど家にいるサナでしたが、私は日課のように「**明日は学校に行くの？**」と聞きました。

サナは、この質問が苦しくてイヤだったそうです。

なぜなら、**「行かない」と答える選択肢はない**から。

「行かない」と言ったら私は怒るに決まっているし、自分でも行かなくちゃいけないと思っているから、「行く」と答えるしかない。

でも、結局は朝、起きられない。そうすると私はやっぱり怒る。


「昨日行くって言ったでしょ！　もう何日も休んでいるじゃない！　試験はどうするの!!」


こんなことの繰り返しです。

当然、サナと私の関係はどんどん悪化していきました。

あるとき、ふと目に入ったサナのスマホのＬＩＮＥ画面。私のアイコンの横には「**死ねマン**」と書いてありました。

「気づき」からの雪解け

娘の不登校に悩みながらも、私にも仕事があったので自分の責任は果たさなくてはなりません。

当時は企業研修の講師として働いており、企業に出向いてコミュニケーションやコーチングについての講義を行っていました。考えてみると、自分の娘とのコミュニケーションもうまくいかない人間が、人様にコミュニケーションを教えるなんて、ずいぶん皮肉な話です。

ところが、この仕事が思わぬ効果をもたらしました。**人の心を理解する**ため、国家資格のキャリアコンサルタントを取得したり、臨床心理学・実践心理学を修めるうち、自分のサナとの向き合い方について考えさせられることが多くなっていったのです。

「これまでのサナへの接し方、もしかすると間違いだらけだったんじゃない!?」

詳しいことは本書で述べていきますが、仕事のためだった学びが、どんどん「不登校の子どもの親である自分」の学びにもなり、それが積み重なっていくうちに、ある決定的な気づきを得ました。

「サナが不登校になったのは、サナ自身の問題だと思っていた。でも違う。これは私の問題なんだ！」

自分のキャリアのための勉強を、「家庭」という一番小さな社会の単位に落とし込むことができるようになってきたのは、サナが高校2年生になった頃。少しずつ私自身が変わっていき、その変化をサナも時間をかけて感じ取ってくれていたと思います。だんだんととげとげしい関係性が穏やかになっていき、何度か私は「**思っていることを何でも話して**」と声をかけて、サナの声を聞こうとしました。

でも、長年のクセとは恐ろしいもので、せっかくサナが話してくれても「**いや、そうは言ってもね**」「**お母さんはそんなつもりはなかったのよ**」と遮ってしまう。サナの「言いたいことが言えないから、もういい！」という宣言で話し合いは中止です。

失敗を繰り返した私でしたが、サナが高２の秋のある夜、「**もう絶対に遮らないから**」と約束して、**明け方まで話を聞く**ことができました。

やっと娘が胸の内を見せてくれたのです。そちらについても本書で詳しくご紹介します。それをきっかけにさらに態度が軟化していき、高３に進級する直前には「死ねマン」だった私のＬＩＮＥの名前が「**ママン**」に昇格していました。

綱渡りの大学受験から社会人へ

やっと母娘で向き合うことができ、私はもう娘の人生にあれこれ口出しすることをやめて、**ただ応援するだけ**という気持ちになれました。

「明日は学校へ行くの？」と詰問することもなくなりました。

落ち着いてきたサナは、「**なんとか今の高校を卒業して大学に行きたい**」と口にしました。希望を伝えてくれるなんてものすごい変化です。少しは信頼を取り戻せたようで、嬉しかったのを覚えています。

私は卒業するための条件などを学校に確認し、学校に行くときにはできるだけ車で送って**体力の消耗を抑える**など、サナのサポートを心がけました。

途中、出席日数が足りず、大学入学共通テストの願書を出せないことが発覚し、急きょ学校にお願いして補講を受けさせてもらうなど、綱渡りの日々を過ごしました。

そして、本人が受験したいと言った大学・学部には片っ端から願書を出し、〝数打ちゃ当たる方式〟の受験期を迎えました。

願書を出しても、**本当に試験を受けに行くのかどうか**は当日の朝までわからない。それでも仕方ないと腹をくくって自由にさせた中で、ありがたいことに合格をいただき、**志望校のひとつの大学に進学することができた**のです。

学校に行けず、表情が死んでいた娘が、自分で大学への進学を希望して、その目標を叶えられたこと。

「この子の人生が終わってしまう！」と焦っていた日々を思えば、夢のようでした。

教えられたのは私の方だった

進学先の大学では、サークル活動に精を出すあまり、1年生前期の取得単位がゼロであったことが発覚するなど、相変わらず一筋縄ではいかなかったサナですが（笑）、サークルの先輩から「**単位を取らず大学にいられなくなったら、サークルにもいられなくなるんだからな**」と諭《さと》されると一転、授業にもまじめに取り組み、留年することなく4年で卒業し、ちゃっかり就活も成功させて社会人生活を満喫しています。

こうして、我が家の『不登校騒動記』は幕を閉じました。

サナが不登校の経験を通じて成長したのはもちろんですが、**何より私自身がたくさんの気づき**を得ました。

自分がいろいろな固定観念に囚われていたこと。子どもを所有物のように思っていたこと。目の前のことに精一杯で、子どもの将来を長い目で見られていなかったこと。

教えられたことは数知れないので、私たち家族はサナのことを「サナッチ先生」と呼ぶことがあります（笑）。

とはいえ、今この瞬間、お子さんの不登校で悩んでいる親御さんにとっては、我が家の記録を読んでも、まだピンと来ないことでしょう。当然です。

だからこそ、私が**どんな気づきを得たのか、どう変われたのか**、本書でより詳しく、実践的なことをお伝えしていくつもりです。

読んでいただいた後にお子さん、ひいてはご自分と向き合うことができたなら、そのときはきっと共感していただけることと思います。

第 1 章

不登校になったら
どうする？

子どもの不登校が増えているとは聞くけれど、まさか自分の子が⁉
驚き、混乱されている親御さんに向けて、
不登校の本当の原因は何なのか、
何をするべきで、逆にしてはいけないことは何か、
私のしくじり体験談もまじえて、お伝えします。

よくある親のしくじり その①
理由を聞きまくる

ある日、子どもが学校に行けなくなったら？

多くの親御さんは、**まさか自分の子どもが不登校になるなんて！** と驚き、混乱することでしょう。まさに、青天《せいてん》の霹靂《へきれき》。私もそうでした。

確かに、「最近、以前に比べて娘の態度が悪いような……」と感じてはいましたが、それは反抗期からくるものであって、不登校の兆候とは思ってもみなかったのです。

この突然（だと親には思える）の事態に直面したとき、当時の私を含め、親はみんなほぼ同じ反応を示します。そして、不登校に悩む親子をサポートする立場となった今では、残念ながら**そのほとんどが「しくじり」だと言い切れます**。

本章では、そんな「よくある親のしくじり」を紹介するとともに、それが子どもを苦しめている理由、さらにとるべき態度について解説していきます。

まずはじまる質問ぜめ

まずは学校に行かない理由をしつこく聞こうとする親がほとんどでしょう。


「どうして？」

「お友だちと何かあったの？」

「先生に何か言われた？」


もし子どもから少しでも話を聞けたら、その少ない材料を集めて「**これが理由だ！**」と自分の中で結論を出して、奔走するケースも少なくありません。

「友だちとうまくいっていない」と聞けばその親御さんと連絡をとってみたり、「先生の指導が合わない」と聞けば、面談を申し込んだりするのです。

ところが、私の経験に照らすと、これらは**表面的な理由でしかありません**。

不登校になる引き金となった可能性はありますが、本質的な理由は別にあり、本人にもそれがよくわかっていない。そんな状態であることがほとんどです。

不登校になる本質的な理由

では、不登校の本質的な理由とは何なのでしょうか。これまで支援してきた数々のケースから、私は大きく分けて、**3つの理由**があると考えています。

理由その① 潜在意識への「学校＝イヤなところ」という刷り込み

学校生活は楽しいことも多いですが、**つらくイヤな部分**も抱えているものです。

集団で過ごす場なので、まわりと自分を比較して自己嫌悪に陥ることもあれば、先生に注意されることもあるし、友だちとトラブルになることもあります。

こうした、小さな「イヤなこと」が積み重なっていくと、いじめのような大きな事件がなくても「学校はイヤなところだ」というイメージが**潜在意識の中に刷り込まれてしまう**のです。

みなさんは、「**パブロフの犬**」という現象をご存じでしょうか。

ロシアの生理学者イワン・パブロフが、ベルを鳴らしてから犬にエサをやることを

不登校版「パブロフの犬」

繰り返したところ、ベルを鳴らしただけで犬が唾液を出すようになりました。

いわゆる「条件反射」と言われる生理現象が、実験で明らかにされたのです。

不登校も、条件反射のようなもの。

「学校でイヤなことがある」と潜在意識に繰り返し刷り込まれた子どもは、学校について考えるだけで条件反射で「イヤだ」と感じて動けなくなってしまうのです。

理由その②　強い自己否定感への直面

不登校になる子どもたちが共通して持っているのは、「**自分はダメだ**」「**期待に応えられない**」「**信頼されていない**」といった、自分を肯定できない**自己否定感**です。

特に、まじめで優秀な子であるほど、親や世間から認められるように「**○○でなければならない**」と自分を追い詰めた結果、それができないことに絶望してしまう。

不登校の子どもに、まじめで優秀な子が多い理由のひとつがこれです。

神経生理学の分野では、人間は危機に直面したとき、その深刻度に応じて3種類の反応を見せることが知られています。

①友好の合図を出して解決しようとする
②戦う、あるいは逃げることを試みる
③最悪の苦痛を避けるため、仮死状態のようにフリーズする

それぞれ意思とは関係なく、自律神経が引き起こす本能です。

不登校になる子どもは、自己否定感でいっぱいになるという危機に直面し、自律神経のブレーカーが働いてしまい、③の「フリーズする」という反応を示します。

思えば、我が家のサナも「身体が鉛になったみたいで起きられない」と訴えていました。フリーズしていたんですね。

朝、起きられない。子どもの不登校は、ほとんどこの状態からはじまります。もし起きられたとしても、学校に行こうとするとどこかの時点で、動けなくなります。

理由その③　学校というシステムが現代の子どもたちに合っていない

３つ目は、少々身も蓋もない話になりますが、そもそも「学校」というシステムと、**現代の子どもたちのあり方とが合っていない**ことも見逃せません。

日本の教育制度は、古くは明治時代にフランスをモデルとした「**学制**」からはじまりました。その後、何度か形を変えて、戦後の学校教育法で現在の形に落ち着きましたが、中身は明治から大して変わっていません。

なぜそれが問題なのかといえば、明治政府がモデルにした当時のフランスの「学制」は、生徒をゆくゆくは兵隊にする、つまり「徴兵」を前提にした教育だからです。

「何をバカな」と思われるかもしれませんが、思い出してみてください。

「**整列！**」「**右向け右！**」「**回れ右！**」「**前へならえ！**」「**休め！**」――私たちは何も疑

問を持たず行進していましたが、これらは軍隊の教練そのものですよね。
軍隊の基本は「上意下達《じょういかたつ》」。いかに上の命令を下にスピーディに伝えるかが求められます。そこに**「個性」を発揮する余地などありません。**

もちろん、導入した当時は帝国主義時代で、「国民皆兵」という時代背景があったわけですから、それが良い・悪いと言いたいわけではありません。

個性の時代である令和の今も、こうした「学制」がベースとなった教育が続いていることが問題なのです。

先生の言うことは絶対で、言う通りの解き方でなければ「×」をつけられる。
板書を正確に書き写し、暗記をさせられる受け身の勉強方法。
減点方式で評価され、勉強ができる子が「優秀」とされる偏差値偏重主義。まわりと同じであることを求められる同調圧力……。
世の中は「個性を認めましょう」という方向に舵を切っているのに、**このような雰囲気の中で個性を発揮しようと言われても、難しい**でしょう。

もちろん、子どもたちの受け止め方はさまざまで、自己肯定感が高い子はどんな場所でも自分らしさを失わずにいられるでしょうし、疑問を感じながらも受け流せる性質の子もいれば、そもそも深く物事を考えないタイプの子もいます。

だからこそ、大多数の子どもたちは学校に通うという日常を生きられているのです。

でも、先述した自分を否定するタイプの子が学校への違和感を募らせると、「**学校が合わないけれど、それは自分がダメなせいなのかな**」とつらくなってしまいます。

これまで挙げてきた3つの理由のいずれでも、自分の意思とは関係なく、生理的に体が動かなくなってしまい、学校に**行かないのではなくて行けない**のです。

学校に行けない理由を本人に問いただすことに、意味がないことがわかっていただけたかと思います。

まとめ

● **学校に行けない理由を聞き出すことに、あまり意味はない！**

よくある親のしくじり その②
あの手この手で再登校させようとする

自分の子が、「**学校に行きたくても行けない状態**」になっているとはつゆほども考えていない親は、なんとか学校に行かせようとします。子どもが学校に行かなくなれば、大変なことになる！　と思い込んでいるからです。

ただ、最近は「子どもに無理強いしてはいけない」という考え方もかなり広がってきているので、「まずは様子を見てみよう」と休ませるケースもあります。

この時点では、子どもが不登校になったという現実と向き合いたくない心理もあって、少し休ませれば元気になるかな、となるべく深刻に受け取らないようにします。

とはいえ、そんな余裕も最初だけ。

2日、3日も続くと焦りが出てきて、やはり「**行かせなくては！**」という、親としての使命感に駆られてしまうのです。

やってはいけない声かけ

親は、子どもになんとか学校に行ってもらうため、まず説得を試みます。それがうまくいかないと、次には怒り、最終的には脅すような言葉で迫ってしまいがちです。

①まずは「説得する」

「何かイヤなことがあるのかもしれないけど、誰だって同じ。みんな頑張っているから頑張ろうよ！」

「とりあえず行ってみよう。お友だちとしゃべった方が気がまぎれるよ」

「送ってあげるし、具合が悪くなったら帰ってきてもいいから、とにかく学校に行こう」

②説得が受け容れられなかったことに「怒る」

「誰が学費を払っていると思うの!?　ちゃんと行きなさい！」

「子どもの仕事は学校へ行って勉強することでしょ！　どういうつもり？」

「いったい何が不満なの？　サボりたいだけでしょう！」

③怒っても効果がないので「脅す」

「このまま学校に行かなかったらどうなると思う？　将来、まともな仕事に就けなくて、生活できなくなるよ」

「授業についていけなくなったら、進学はムリだよね。中卒なんて、今の世の中ほとんどいないんだから、生きていくのが大変だよ」

「一生、家にいるつもり？　お父さんとお母さんが死んだら、面倒を見てくれる人なんていないよ！」

他にもいろいろな言葉がけがあると思いますが、たいていは、はじめは説得しようとしていても、効果がないとわかると、だんだん理性を失っていって「怒る」、そして「脅す」に移行していくケースが多いです。

「脅す」については、**親には脅している自覚がありません。**

子どものためを思って、「取り返しのつかないことになる」と伝えたいだけなのです。ただ、子どもは「行きたくても行けない」状態なので「心配してくれている」と受け取ることはなく、脅されていると感じてしまいます。

大人と子どもとでは脳のつくりが違う

学校に行けずに子どもが苦しんでいる間、親もとても苦しみます。

その結果として、「やってはいけない声かけ」の最たるものが口をついて出てしまいます。

「明日は学校に行くの？」

すると子どもは「うん、行くよ」と言うのですが、実際に次の日の朝になってみると、行く様子はない……。

親は「行くって言ったくせに行かないなんて！」とイライラを募らせ、「ウソばかりついて、行く行く詐欺だ！」と憤ります。これが、かつての我が家を含む、不登校の子どもがいる家庭の日常です。

しかし、知っておいてもらいたいのは、子どもとしては**ウソをついているつもりはない**ということです。

30年以上、不登校の子どもへの対応の相談を受けていて、『子供は何を感じ、考え、行動するか』（風詠社）などの著書がある心療内科医の赤沼侃史《あかぬまつよし》先生は、脳には「言葉にする脳」と「行動に移すときに使う脳」の2つがあり、大人と違って子どもはこれが一致していないと説いています。

なぜそのような違いが生まれるのかというと、**大人は「本心」を言葉にできる**けれど、**子どもは本心ではなく「理解していること」を言葉にする**から、だそうです。

つまり、「明日は学校に行くよ」という言葉は、「明日、学校に行くつもりだ」と理解するのではなく、「明日学校に行かなければいけないことはわかっている」と解釈する必要があるわけです。

不登校に限らず、親として子どもを見ていると、言っていることと実際の態度にギャップを感じることがままあります。そういうときは、**言葉ではなく態度が本心だ**と思い出しましょう。

これで「ウソをついた！」「行く行く詐欺だ！」と怒らなくて済みます。

子どもは親が怒るのを見ると、「怒らせちゃった。やっぱり自分はダメなんだ」とますます自己否定感を強くしてしまいます。それは、不登校の解決にはかえってマイナスですよね。

だから、どうか子どもの言葉を真に受けすぎないでいただきたいです。

もちろん、毎日同じことを聞かれて面倒くさいから適当に答えているという側面もあるでしょうが（笑）、それでもウソをつこうという気持ちではありません。

ウソじゃないんだね。学校に行くべきだとわかっているんだね。

そう理解することで、少しは子どもの自己否定感を助長するリスクを減らせます。

まとめ

- 「説得する」「怒る」「脅す」はやってはいけない声かけ
- 子どもの言葉を真に受けすぎないことが、心の安定につながる

よくある親のしくじり その③
「発達障がいグレーゾーン」だと思い込む

どんなに頑張って学校に行かせようとしても、子どもは「うん、明日は行く」と言いながら、朝になると結局は行かない。

親は「行くって言ったでしょ！」と怒る。

そんなことの繰り返しでだんだん疲れてくると「**いよいよこれは自分だけでは解決できない**」「**子どもの身体か心のどこかに悪いところがあるんだ**」と考えるようになります。

そこで、多くの親御さんたちがはじめるのが、病院巡りです。

私はまず、内科に連れて行きましたが、検査してもどこも悪くない。それなら、心を閉ざしてつらそうだから、心療内科かな？　精神科かな？　と、いろいろな病院にサナを連れ回しました。

自分なりに調べて、児童精神科や思春期外来に連れて行く人も多いのではないかと思います。そうやって病院を回っていると、最終的には「**発達障がいグレーゾーン**」と診断されるケースがとても多いのです。

発達障がいグレーゾーンとは

今ではよく耳にするようになった「発達障がい」という言葉ですが、これはつまり、**脳機能の偏りによって社会生活が困難になっている状態**で、自閉症や学習障がい、注意欠陥多動性障がいなどを指します。

不登校の子どもたちの多くは、この発達障がいの「グレーゾーン」だと診断されます。グレーゾーンの意味は、「発達障がいの特性が見られるものの、診断の基準をすべて満たしているわけではない」ということです。

驚くのは、診断をくだすのが精神科や心療内科の医師に限らないことです。私の受講生の中には、**耳鼻科で発達障がいグレーゾーンと診断された**という方もいました。

それほどあいまいな診断基準なのですが、診断さえされれば、親としてはどこかホッとした気持ちになります。

それまで不登校の理由がはっきりわからず苦しんできたので、障がいが嬉しいわけでは決してないけれど、「**障がいなら仕方がない**」と自分を納得させることができますよね。

中には診断されたわけでもないのに、学校の先生から「発達障がいグレーゾーンかもしれませんね」と言われて、そう思い込んでしまうケースすらありました。

本当に発達障がいグレーゾーンなのか？

でも、ちょっと立ち止まってみてほしいのです。

『「発達障害」と間違われる子どもたち』（青春新書）の著者である、発達脳科学者の成田奈緒子先生は、臨床経験から「**発達障がいもどき**」の子どもたちが多くいる、と提言しています。

たとえば注意の欠陥、多動、友だちに攻撃的、コミュニケーションがうまく取れない、集中力がない、課題がこなせないといった、発達障がいと同じような傾向を見せていても、それは脳機能の偏りという障がいではなくて、主に「**睡眠が足りていない**」ことによる症状だというのです。

そもそも脳は3つのステップを踏んで正常に発達するのですが、その順番が生活習慣の乱れなどによって、うまくいかないことが原因ではないかということです。

第1ステップ　からだの脳
「寝る、起きる、食べる、体を動かして危険から身を守る」など原始的機能の発達

第2ステップ　おりこうさんの脳
「話す、考える、思った通りに体を動かす」といった人間らしい機能の発達

第3ステップ　こころの脳
「論理的思考、感情の統制」といった人間ならではの最も高度な機能の発達

睡眠不足や電子機器の多用で第1ステップであるべき「からだの脳」が発達しないうちに第2ステップに入ってしまうと、発達障がいと同様の症状を見せる子が多いというわけなのです。特に不登校になるような子どもは、夜中にスマホやゲームで心の苦しさを紛らわせるので、**睡眠には大きな影響が出ている**はずです。

ですから私としては、不登校の子どものほとんどは「発達障がいグレーゾーン」も含めて、病気ではないと考えています。たくさんの不登校の親子の相談に乗ってきて、実際に病気だったというケースはほとんどありません。

ハッとさせられた精神科の先生のひとこと

サナも精神病の一歩手前だと診断されて強い薬を処方されたことがありますが「悪夢を見たり、気持ち悪くなったりする」と訴えるので、飲むのをやめました。

その後、都内にある有名な大学病院の精神科の先生を紹介していただき、会いに行ったときのことです。1時間半もじっくりお話を聞いてくださってから先生が次のようにおっしゃって、私はとてもハッとさせられました。

「子どもの精神病は、ほとんどないと思っています」

先生はこう続けました。

「10代から20代のはじめ頃だと、何かをきっかけに心のあり方や考え方が変わることはよくあるのに、病名を付けて投薬をはじめてしまう。それは決していいことではありません。サナさんにも、どこにも悪いところはありません。彼女は大丈夫だから、お母さんももっと信じてあげてください」

私が認識を改めるのに、この先生の言葉も大きな役割を果たしてくれました。

私自身の、そして相談に乗ってきた経験に照らすと、病院巡りをして**病名を付けられ、薬を処方してもらうことにはあまり意味がありません**。

みなさんにも、それを理解していただけると幸いです。

まとめ

- **自分を安心させるために病名を付けてもらうのはやめよう**

結論！　理由を聞かずに休ませよう

ここまで、子どもが不登校になってしまう本当の理由と、それがわからない、かつての私を含めた親がやってしまいがちなしくじりを紹介してきました。

「じゃあいったい、どうすればいいの？」

そんな親御さんたちの声が聞こえてきそうです。

結論から申し上げれば、「**理由を聞かずに休ませる**」のが一番の対処法です。

親として焦る気持ちはよくわかります。休む理由がよくわからない場合、私たちはどうしても「これはサボりではないか？」と考えがちですが、その疑念はいったん置いておきましょう。

セキュアベースがあるから冒険できる

学校に行きたがらない子どもにとって、必要なのは安心安全な場所、つまり「**セキュアベース（安全基地）**」なのです。

セキュアベースとは

セキュアベースとは、自分が自分らしくいられる場所、つまり気を張ったり、本心を押し殺して何かを演じたりしなくてもいい、**リラックスできる場所**のことです。

不登校の子どもにとっては、自分が否定されない、安心安全なセキュアベースが絶対に必要になります。それが作れるのは、**まずは家庭です**。

そのためには、親がゆったりと構えて子どもを否定せずに受け容れて、安心安全を体感させることが大切です。

家の中にセキュアベースを見つけられると、「私はこのままでいいんだ」「今の自分でいても大丈夫なんだ」と思えるようになってきます。すると、**フリーズ状態がだんだん解かれていって、少しずつ動けるようになっていく**のです。

引きこもりの子どもは家の中も怖い

よく「家の中があまりに居心地がいいと、かえって外に出なくなって引きこもりになるのではないか」と心配する人がいますが、それは違います。

引きこもりは、外はもちろんのこと**家の中も怖い**のです。「こんなにダメな自分を、親はお荷物だと思っているに違いない」と絶望しています。だから、自室から出られなくなってしまうのです。

家の中が居心地がよくて引きこもるのではなく、家の中ですら安心できず、家族とのコミュニケーションも断って孤独な自室に閉じこもっているのです。

「自分が自分らしくいられる場所がない」と思っている子どもに、「この家があなたの居場所だよ、家にいれば安心だよ」ということを伝えるためには、まずは学校に行かないということを受け容れて、何も言わずに休ませてあげてください。

もちろん、受け容れるというのは、**何でも好き放題にさせるという意味ではありません**。譲ってはいけない一線もあります。その対処法は次章でケース別に解説していきます。

ただ、「あなたを尊重しているよ」「あなたが何を言っても何をしても、私たち親はあなたを無視しない」「大事に思っているよ」という態度は絶対に必要です。

もちろん、そんな立派な対応がすぐにできる親なんて、ほとんどいないと思います。できないのが当たり前。私もできなかったから、3年以上も娘の不登校につき合うハメになりました。

まずは、**子どもを承認するような関わり方**をするべきだということを、知っていただきたいです。それだけで心持ちは少し違うのではないでしょうか。

子どもは、親の非言語（言葉にしない想い）を読み取ることに長けています。

だから、たとえ親がうまく対応ができなくても、自分と本気で関わろうとしていることは感じ取ってくれるはずです。

また、「何も聞かずに休ませる」ことができたとしても、家で放置していたら「結局、親は自分のことをわかってくれているわけではない」と思わせてしまいます。

何も聞かずに休ませるのは、**いったい何のためなのか**考えてみましょう。

何よりも子どもを受け止めること。ありのままの子どもの姿を認めること。家庭を子どものセキュアベースにすること。**そのための「休ませる」という選択**であることを伝える術は、第3章から解説していきます。

なかなか難しいですが、まずはセキュアベースの意識を持つところからはじめましょう。

正論で追い詰めると子どもを苦しめることに

また、家をセキュアベースとするためにしてはいけないのは、正論をぶつけること。

「世界には、小学生くらいの年齢でも学校に行けず働かされている子もいるのに」

「病気でずっと入院して、お友だちと遊びたくても遊べない子もいるんだよ」

「親に面倒を見てもらえないと生きていけない学生なんだから、せめて学校ぐらいはきちんと行くべきだよ」


つい、こんなふうに子どもを説得したくなりませんか？

確かに、これは正論です。反論もできません。

ただ、だからこそ子どもは自分のつらさを主張できなくなり、「**やっぱり自分は間違っているんだ**」と苦しくなってしまいます。


私たち大人でも、**正論に心と体がついていかない**ことはあります。たとえば、「仕事の〆切を守る」ことが正しいとわかっていても、プライベートで人生最大級の事件が起きたら、仕事どころではなくなりますよね。子どもはなおさらです。

そんなとき、本来は理解者であってほしい親から正論を振りかざされると、どんどん追い詰められていきます。

「どっちがつらいかなんて、どうしてママにわかるの？」

言うまでもなく、私も正論を振りかざしてサナを追い詰める〝鬼母〟でした。追い詰め続けた結果、今でもよく覚えているのですが、サナが反撃してきてハッと気づかされたことがあります。

サナは不登校で心を閉ざしたまま、母娘の関係性も悪化の一途をたどっている頃でした。「死にたい」と口にする娘に、私はとても親らしく諭す言葉を投げかけたのです。

「死にたいなんて、なんてことを言うの。戦争をしている国で暮らして、生きたくても生きられない子どもだっているのに」

私としては、しごくまっとうなことを言ったつもりです。そもそも、「死にたい」なんて言葉は親にとってはショックが大きく、耳をふさぎたくなります。だからぐうの音も出ないほどの正論で、子どもの口を封じたかったのかもしれません。

ところが、サナは言い返してきたのです。

「生きたくても戦争で生きられない子と、死にたいのに生きろと言われている私と、どっちがつらいのかなんてわかるの？　生きられない子たちの方がつらいって、どうしてママは言えるの？　私だって本当につらいんだよ」

私は一言も反論できませんでした。そして、この言葉を聞いたときに、サナがそこまで苦しかったのかとはじめて理解できたような気がします。

このとき、反論してくれて良かったと思います。

多くの不登校のお子さんは、反論できずにただ親を疎ましく思い、自分を卑下していきます。だから、できれば親の方が「**正論で追い詰めないこと**」を心に刻んでおきたいものです。

まとめ

● **家を子どものセキュアベースにすることから、すべてははじまる！**

Column サナッチ先生が教える不登校の子どもの気持ち①

めちゃくちゃウザい死ねマン

私が不登校になったとき、父は単身赴任であまり家にいなかったし、たまに会えればおいしいものを食べに連れて行ってくれる感じで、嫌悪感はありませんでした。

でも、母に対しては「めちゃくちゃウザい！」「大嫌い！」と思っていました（笑）。

毎日毎日、「学校に行くの？」「ご飯は食べる？」と聞いてくる。今は、母も必死だったんだなとわかりますが、そのときは「わかんないから、聞いてくるなよ」と心の中で毒づいていました。

だって、本当にわからないんです。

だから心を閉ざすしかなくて、自分の部屋にいて母の足音が近づいてくるのが聞こえるだけでも「うわ〜、やめて。来ないで！」と耳をふさぎたくなるほど。会話する気にはなれませんでした。

毎朝「起きるの？　起きないの？」と詰めてきて、私が起きようとしなければ「はぁ〜……」と大きなため息をつく。「はぁ〜……」じゃねえよ！

遅い時間になってから起きてみると、スマホに100件近くもの着信履歴がある。母が私をなんとか起こそうと、仕事に行く電車の中から鬼のように電話をしていたんです。そして、家の固定電話にも「サナ〜〜〜!!　起きなさーーーい!!」と留守番電話が入っている。怖すぎますよね。

顔も見たくないから、夜ご飯を食べるために部屋を出ても、イヤホンしてスマホで動画を見ながら、ひとりの世界にこもって食べていました。

こんなに母が嫌いになったのは、不登校になってから。私が小学生までは、普通に仲のいい親子でした。

中学に入学すると、「塾に行きなさい」と言われたときなど、なんだかモヤモヤするポイントはいくつか出てきました。でも、まだ嫌いとは思っていませんでした。

学校に行けなくなってから、考える時間はたっぷりあったから、そういう過去のモヤモヤを思い出すわけです。

当時は「まあ、そんなものなのかな」と思っていたことが、よく考えたら「あれ？おかしくない？」と思えてきて、そういえばあのときもこのときもおかしかった！

と、どんどんイヤなことが出てきてしまったんです。

「今、ママがウザくて大嫌いだけど、それはそうだよね。気づいてみれば、前からこんなにいろいろなイヤなことが積み重なっていたんだから、今の嫌いという感情は間違っていないんだ！」

そう思っていました。

家にいてもちゃんと会話をしないから、母はＬＩＮＥでもメッセージを送ってきました。

「明日は朝8時には家を出るから、学校に行くなら8時までしか起こせないよ」とか。知らねーよ！　学校のことをクドクド言われるのがあまりにもウザくて、「もう死ねよ」と思った瞬間、気づけば母のＬＩＮＥのアカウント名を「死ねマン」にしていました。

もちろん、本当に死んでくれと思ったわけではありません。ただ、自分の世界に入ってこないでほしかったし、自分が母をウザいと思う気持ちを肯定したかったから、「死ねマン」にしたんです。

でも、私が高２になった頃から、母の雰囲気が変わってきた気がしました。具体的に何かがあったわけではないのですが、前とは少し様子が違う母と、話してもいいかな？　とだんだん思えるようになってきました。

そして、秋頃に夜通し「これがイヤだった」「あれもイヤだった」と話してみたら……。「でもね」「あなたのためだから」と返ってくるかと思ったけれど、思いがけず「そうだよね、つらかったね」と話を聞いてくれたので、やっぱり母も変わろうとしているんだとわかりました。

そこから、「まあ、ちょっと面倒だけど、話してやらないこともないな」と。

自分から話すのは恥ずかしいから、話しかけられたら今までのように無視せずに相槌を打ったり、イヤホンをはずしたり、ぶっきらぼうでも少しずつコミュニケーションが取れるようになりました。

そうしているうちに嫌悪感が消えてきて、高３の受験期には母が「好きだ」と思えたんです。ＬＩＮＥの「死ねマン」はちょっと違うなと感じるようになって、「ママン」に変更しました。

第 2 章

5つの行動傾向との向き合い方

これまで延べ６００組以上の不登校に悩むご家庭を見てきて、
彼ら・彼女らが見せる行動には５つの傾向があることがわかってきました。
どれも親御さんたちにとってはつらいものばかりで、
目にしたときはどうしたらいいかわからないことでしょう。
本章では、その５つの行動傾向と対処法、
そして具体的な事例についてもご紹介します。
どの事例も、みんな当時の様子が信じられないほど、
今は自分らしく人生を歩みはじめています。

不登校の子どもが見せる行動には、5つの傾向がある

前章では、不登校の根底には子どもの強い**自己否定感**と、それを助長する**教育システム**があること、そして一番の解決方法は「**理由を聞かずに休ませること**」だと述べました。

とはいえ、休ませるにしても自己否定感に直面した子どもは、**親御さんを悩ませる数々の行動**を起こします。部屋から出てこなくなる子、スマホ、ゲーム三昧に陥る子、自傷行為に走る子、信じられないような暴言を浴びせてくる子……。

これらを正しく受け止め、あるいは受け流さないことには、不登校が解決するより先に親の心、ひいては**家庭が壊れてしまいます。**

私は、これまで延べ６００組以上の不登校に悩むご家庭を見てきて、彼ら・彼女らが見せるさまざまな行動には、**５つの傾向**があることがわかってきました。

子どものタイプによってそれは変わりますし、どう向き合うべきなのかも、傾向によって違います。

もちろん、５つにきれいに分類されるわけではなく、いくつかが重なり合うことも多いですが、それぞれへの対処法は変わりません。

本章ではそうした例を、５つの行動傾向それぞれのケースとして挙げつつ、その対処法をお伝えしていきます。また、今は新しい道を歩まれているご家庭の具体例もケース別にご紹介していきます。

まとめ

- **不登校の子どもには５つの行動傾向がある！**

行動傾向①
自分の殻に閉じこもる

まずは、まわりとのコミュニケーションを断って、**自分の殻に閉じこもってしまう**行動傾向です。

自分の部屋から出てこないケースでは、家族との会話もほとんどないことが多いです。そういう子の中には、食事、お風呂、排せつといった日常のごく当たり前な行動すら、いつしているのかもわからなくなるほど**周囲との関係をシャットアウト**するタイプもいます。

気になって部屋をのぞいたら、モノを投げてくるなど攻撃的になることも。刺激しないように、家庭の中では腫物に触るような扱いになってしまいます。

自分の部屋から出て、家のリビングのあたりならウロウロできるケースもあります。

ただ、外に出かけることはほとんどありません。

リビングで家族が声をかければ応えるなど、コミュニケーションを取っているようにも見えますが、実はその理由は「**面倒くさいから**」ということがほとんど。

内心は、家族と距離を取っています。

推し活やバイトになら行ける!?

「自分の殻に閉じこもる」という行動を、傾向のひとつとしたことに驚いた方もいらっしゃるかもしれません。

確かに、世間一般のイメージでは「不登校」と聞くと、**漏れなく全員が子ども部屋に閉じこもって出てこない**、出るとしてもスウェット姿でコンビニに行く程度――といった様子を思い浮かべる方が多いようです。

もちろん、さきほど紹介したように殻に閉じこもる子どもたちはいますが、アルバイトや推し活、部活動なら参加できるという子は珍しくありません。

この子たちが拒否反応を覚えているのは、あくまでも授業やクラス単位の活動であって、**他人とのコミュニケーションではない**からでしょう。

推し活仲間とセキュアベースを築いていた我が子

我が家のサナは、まさにそうでした。

アイドルグループ「Hey! Say! JUMP」の推し活仲間と、学校とはまったく違うコミュニティを築いていました。今でも、学校に行けずに苦しんだ時期を支えてくれた大切な仲間たちは、サナにとって大きな存在のようです。

また、多少はアルバイトもしていました。接客業で、お客さんと触れ合うことには抵抗がなく、愛想よく働いていたようです。

そして最も不思議だったのは、学校に行けないのに、**だいたいの学校行事には出席できていた**こと。文化祭や体育祭、研修旅行などには行けるのです。

ただ、本当に行くのかどうかは当日の朝までわかりません。起きてこないこともあるし、遅い時間まで寝ていたのに「行くから！」と言われて大急ぎで送ったこともあります。

このように、あくまで「自分の殻に閉じこもる」という行動傾向は、**不登校の子すべてに当てはまるわけではない**のです。他人とのコミュニケーションが苦にならない子は、学校でも家でもない、安心安全なセキュアベースを自分なりに見つけて、心を解放させていることもあるのです。

「自分の殻に閉じこもる」ことへの対処法

話を戻しましょう。

私の経験からいえる、殻に閉じこもってしまう子どもたちへの対処法は大きく分けて２つあります。

対処法その① 親の不安げな様子を見せない

自分の殻に閉じこもり、心を開こうとしない我が子ばかり気にしていると、当然ですがどんどん不安になってきます。

非言語を読む天才である子どもは、親が内心を口にしなくても、「自分のせいだ」と敏感に感じ取ってしまい、ますます自己否定感を強める結果となります。

逆接的ですが、不安を伝えないためには、子どもの心配ばかりしていないで、親が**自分自身のことに目を向け、いたわる**ことです。これは、殻に閉じこもるタイプのお子さんに限らず、すべての不登校の子どもへの対処法として忘れないでほしいことです。

たとえば、80ページから紹介しているケースでは、お母さんが自分を癒すための手段をうまく見つけられたことで、状況が大きく変化しています。

不登校の子どもは総じてまじめなので自己否定感を強めやすいのですが、その親御さんもまた然りです。

自分自身を癒し、心を落ち着けて「**私は私のままで大丈夫**」と思えると、今度はその安心感が非言語となって子どもに伝わり、子どもも安心できるのです。

さらに進んで、親が自分の人生を楽しんでいれば、その様子が子どもに伝わり「**自分も人生を楽しんでいいんだ**」と考えられるようになっていきます。

対処法 その② 子どもを受け容れていることを伝える声かけ

先に述べたように、親が心配して、殻に閉じこもっている子を外に出そうと一生懸命になればなるほど、子どもはより自己否定感を募らせていきます。

かといって、腫物に触るようにしてまともに接さず、放置しても何も解決しません。

一番いいのは、「**見守る**」こと。

見守りは、放置とは違います。

「あなたを大切に思っているよ」という想いをきちんと伝えることです。

具体的には、朝・昼・晩、ドアの外からでも名前を呼んで「**おはよう**」とか「**おやすみ**」とか、あいさつをしましょう。

たとえ部屋から出てこないことがわかっていても、「**ご飯ができたわよ**」と声をかけてみましょう。

忘れてはいけないのは、きちんと名前を呼ぶことです。

名前を呼ばれることで、子どもは自分が親に気にかけてもらえていると感じます。

そして部屋から子どもが出てきたら、いろいろ問い詰めたりうるさく話しかけたりはせずに、

「起きられたんだね」
「ご飯を食べる気になったんだね」

と、事実だけを言葉にすると、放置でもなく過干渉でもない、**ほど良い距離感**で子どもと向き合えるようになります。

まとめ

- **すべての不登校児が引きこもって外に出ないわけではない**
- **心配の非言語ではなく、安心の非言語が子どもに伝わるようにする**
- **放置ではなく、受け容れの声かけを通じ子どもを「見守る」**

自分の殻に閉じこもるケース

CASE①　高校1年生（受講時）　男子Aくん　群馬県　父（会社員）　母（専業主婦）

Aくんは、小学校3年生時から不登校。

お母さんが講座に参加したときには、すでに7年近くもほぼ引きこもり状態で、そのうち3年半は一歩も家から外に出なかったそうです。

1階の自室にこもり、家族がみんな出かけているときか、夜になって寝静まっているときにだけ、同じ1階のリビングには出てくるようでした。

彼の世界はほとんどその2部屋のみ。2階建ての家屋でしたが、2階にはまったく上がらなかったそうです。

中学卒業後に、どこにも属さないのは心配。そんなご両親の想いから、とりあえず東京の通信制高校に在籍はしていました。でも、課題をやったりオンライン授業を受けたりしている様子もなし。

お母さんはＡくんの長い引きこもり状態に悩み、不登校対策のための講座にたくさん足を運んで疲れ切っていました。そして、私の講座に来たときには、「たとえ息子が変わらなくても、もう息子のために動くのは最後にする」とおっしゃっていました。あまりに疲れ切って、何もかも投げ出したくなっていたのかもしれません。

しかしオンラインで講座を受けるうち、はじめは悲愴感でいっぱいだったお母さんの表情がやわらかくなってきました。どんな心境の変化があったのか聞いてみると、「自分が何を言っても否定されない場にはじめて出会って、気持ちが落ち着いてきた」とのこと。

以前は不登校の子どもで苦労をしていることをついネガティブに話してしまうと、「そんなこと言ったら、子どもがかわいそう。きっと大丈夫だから頑張って！」のような、悪意のない〝励まし〟に傷ついてきたと言います。

でも、自分が受け容れてもらえる心地よさを知り、「私は私でいいんだ。講座でも学んだ通り、同じように子どもを受け容れればいいんだ」ということに気が付いた、とおっしゃっていました。

まずは、家でも自分の気持ちを落ち着かせるにはどうすればいいだろう？　そう考えたときに、若い頃に憧れていたハープの音色を思い出しました。高い買い物ではありましたが、思い切って小さなハープを購入して、レッスンに通いはじめることに。

あるとき、家で熱心に練習しながら大好きな音色に身をゆだねていると、Aくんが自室から顔を出して「何の音？」と聞いてきました。癒しで満たされた空間の中で、ほんの少しの会話が生まれたのです。これが、Aくんとの関係改善のきっかけだったのかもしれません。

しばらくすると嬉しいことに、お母さんが家にいる時間にも自室から出てくるようになったそうです。しばらくして、少しずつ会話も生まれるようになってきました。

そんな頃、東京の通信制高校の5日間のスクーリングがあり、なんとAくん本人が「通う」と言い出したとのこと！

7年も閉じこもっていたのに、群馬から東京までひとりで通うなんて無理だ、とご両親は思ったそうですが、立派に5日間通い切ったそうです。しかも、それをきっかけに遅れていた勉強を取り戻さなきゃいけないと思ったのか、「今、三角関数の勉強をしています！」との報告がありました。

今では家族と普通の会話ができるようになり、積極的に外出はしないものの、きちんと通信制高校で学んで進級し、高校3年生になりました。

自分のペースで学習を継続し、大学進学もしたいと、無理せずに受験勉強を続けています。

行動傾向②
暴言・暴力が出てしまう

不登校の子どもは、**基本的に家族とあまりうまくいっていない**ことが多いので、反抗的な態度を取ることは珍しくありませんが、みんなが暴言・暴力の域までいくわけではありません。

暴言・暴力に至るまでには、**過程**があります。

まずは、ここでも自己否定感によって感情が乱れてしまい、自分を保つために身近な相手（家族）に怒りをぶつけたり、攻撃したりしていると考えられます。

とはいえ、それが「間違ったこと」だとは本人もわかっているので、罪悪感からまた自己否定感に苛まれて感情が乱れ、さらに暴言・暴力に走ってしまう。まさに悪循環で、この**負の連鎖**を止めるのは容易ではありません。

そして感情の乱れが暴言・暴力につながるときには、**何かしらのスイッチ**があります。親のちょっとしたものの言い方や、自分が期待したような反応を親からもらえなかったとか、子どもによってそれぞれです。

いつどんなひどいことを言われるのか、いつ暴力をふるわれるのか、まったく見当がつかない……。

突然はじまる我が子の暴言・暴力を、嵐が過ぎ去るのを待つように耐えるしかないという親御さんも多いことでしょう。

暴言から暴力にエスカレートすることも

まず暴言について言えば、どこからが暴言にあたるのかというのは、人それぞれ感じ方が違うかもしれません。ただ、

「勝手に生んだんだから責任取れ！」

「お前のせいで学校に行けなくなったんだから、一生面倒を見ろ」
「お前なんて、生きる価値がない」

こんなふうに繰り返し責められたり、**人格否定**をされたりするのなら、それは暴言と言えます。私も経験がありますが、暴言を浴びるのは、正直なところつらいですよね。大人として真に受けないようにしようと思っても、やはり傷つきます。

暴言で済めばいいのですが、それが暴力となると大変です。

暴言が暴力の予兆になることもありますが、なんの前触れもなく、いきなり暴力に訴えたり暴れたりするケースもあります。

夜中に壁を蹴ったり叩いたりして、壁にたくさん穴が開いてしまう。包丁を突き付ける。突き飛ばす、殴る、蹴る……。

このように暴力をふるうのは男の子の方が多いのですが、女の子もいないわけではありません。

「暴言・暴力が出てしまう」ことへの対処法

対処法 その①　暴言も最後まで聞き切る

暴言を吐かれると、親は自然な反応として、自己防衛のためについ子どもの言葉を遮ってしまうものです。


「親に向かってなんてことを！」

「でもね……」

「そんなつもりなかった！」

「あなたのためだった！」


親にも自分の想いがあり、それを正当化したい気持ちもわかりますが、まずは**絶対に子どもの言葉を遮らない**こと。

なぜなら、暴言の中には**大切なメッセージが隠れている**ことも多いからです。

耳をふさがずにきちんと聞くことからはじめなければなりません。

子どもには「**親にわかってほしい！**」という気持ちがあるからこそ、暴言を吐き続ける面もあります。訴えたい何かがあるのなら、それが暴言という形を取っていたとしても、受け止めてあげましょう。

親が自分では気が付かないうちに、子どもを傷つけていたのかもしれません。「尊重されていない」と思わせていたのかもしれません。

そういう不安が積み重なって、暴言として噴出しているとしたら、子どもの本心を知り、**自己否定感を和らげるチャンス**になるのです。

対処法 その② 暴力は毅然とした態度で「受けない」

反面、受け止めてはいけないのが暴力です。

子どもが暴力に訴えるようになったら、**まずは距離を取る**ことが大事です。

決して、危害を加えられるようなことがあってはいけません。

もちろん、親御さんの身の安全という観点もありますが、子どものためでもあります。暴力につながる怒りのもとは、強い自己否定感による感情の乱れです。

危害を加えることによって罪悪感を覚えた子どもが、「**親を傷つけるような自分は、**

やっぱりダメなんだ」とますます自己否定感を募らせ、さらなる感情の乱れを……という悪循環を断ち切らねばなりません。

だから、きっぱりと距離を取りましょう。

そのときの状況によりますが、もし声をかける余裕があるのなら、

「あなたのつらい気持ちはわかるけれど、それと暴力をふるうことは違う。冷静に話ができないのなら、家を出るよ」

と毅然と伝えて外出してしまいます。

時間が経てば子どもは落ち着くので、頃合いを見て家に戻るといいでしょう。

対処法その③　暴言・暴力のスイッチを探す

さきほど述べたように、暴言・暴力の行動傾向がある子も、ずっと荒ぶっているわけではありません。突然、**スイッチが入ってしまう**のです。

では、そのスイッチは何なのか？　それを探してみると、親はいわゆる「**地雷**」を踏むことを避けられます。子どもが豹変したとき、いったい自分はどんな行動を取っていたのか、よく考えてみましょう。

また、子どもが冷静なときに、聞いてみてもいいですね。もちろん、最初から素直に話してくれるとは限りませんが、こちらが「**あなたを理解したい**」という誠実な態度でアプローチすれば、少しずつ話してくれることが多いです。

まとめ

- 暴言には「理解するためのヒント」が隠されていることも
- 暴力は自分のためにも、子どものためにも「受けない」
- 発動のスイッチを探し、余計な「地雷」を踏まない

CASE②

暴言・暴力が出てしまうケース

中学3年生（受講時）　男子Bくん　山梨県　父（警察官）　母（教師）

Bくんのお父さんは積極的に子育てに参加するタイプで、週末になると習っていたサッカーに付き添うなど、家族の仲は一見、良好のようでした。

ただ、警察官と教師のご両親ということで、どうしても「社会の中でルールを守ることが何より大事」という規範意識が強いご家庭だったようです。

サッカーに付き添った後、お父さんは「チームのためにプレイするべきなのに、自分勝手なあの態度はなんだ！」などと、叱責することもたびたびありました。

Bくんはだんだんサッカーに行かなくなり、やがて学校にも行かなくなり、昼夜逆転でゲーム三昧の生活をするように……。

ご両親はそんなBくんを叱り飛ばし、ゲームを取り上げ、学校に引っ張って行くという、かなり厳しい対応をしていました。

はじめはただ無言で、ちょっと反抗的な態度を見せていたBくんでしたが……。

時々、急に激昂してひどい暴言を吐くようになってきました。

「うるせーよ！　誰のせいで俺がこんなふうになったと思っているんだ。てめえら親が、ウザいからだよ。死んでくれたらスッキリするのに！」

こんな暴言が止まりません。やがて本人が疲れて、荒ぶる気力がなくなって落ち着きを取り戻すまで、延々と繰り返されるのです。

次に、家中のモノを投げつけるようになりました。窓ガラスは割れるし壁も穴だらけ。それがお母さんに当たってケガをしてしまったこともありました。

あるとき、お母さんに暴言を吐いていたところにお父さんが止めに入ったら、お母さんを家から追い出してチェーンをかけたうえで、お父さんにナイフを突き付けました。

さすがに対処し切れなくて、お父さん自身が警察官にもかかわらず、警察を呼んだそうです。

Bくんはそのとき、児童相談所に連れて行かれました。

特にお父さんへの拒否感がひどかったので、そのうちお父さんは自宅の地下室で暮らさざるを得なくなりました。朝、Bくんが起きないうちに仕事に行き、夜に帰ってきたらBくんに気づかれないようそっと地下室へ……。

そんな1年間を過ごしてから、お母さんが私の講座に参加しました。

暴力は避け、暴言を聞き切るようにしたところ、その中にBくんの本音を見ることができるようになったそうです。

曰く、「サッカーなんかやりたくてやっていたわけじゃない！　お前たちのためにやってたんだ！」。親としては「子どものために」「Bくんがサッカーが好きだから」と信じていたわけですが、本人としては「親が喜ぶから」やっていたんだ、ということですね。

今は暴力が落ち着き、ここなら通えると思ったフリースクールに行きはじめて、「将来は動物に関わる仕事がしたい」と希望を話してくれるようになりました。

行動傾向③

幼児返りして甘える

学校に行かなくなった子が、家で急に幼い子のような言動を繰り返すようになることがあります。

・やたらとスキンシップを求める
・べたべた甘える
・高いものをねだるなど、無茶な要求をする
・自分の言う通りにならないとかんしゃくを起こす

いわゆる「**幼児返り**」です。
そして、こうした行為は**ほぼ100％、母親に対して**向けられます。

今の親世代は、自分たちが親からわかりやすい愛情表現を受けていない傾向があるので、大きくなったのに過度に甘えてくる我が子にとにかく戸惑ってしまいます。

甘えるだけではなく、親の愛情を試すためにわざと嫌がらせのような行動を繰り返す、**「試し行為」**もよく見られます。

なぜ急に言動が幼くなって、手を煩わせるのでしょうか。

心の防衛機制が働いて親を試している

これは、ストレスから自分を守り、**心身のバランスを保つ**ためにしている行為です。ストレスに対処するための無意識な心の働きを「心の防衛機制」と呼ぶのですが、防衛機制にはさまざまな種類があります。

その中のひとつに、「退行」があります。

受け容れがたい状況に直面したときに、発達段階をさかのぼって幼い子どものような言動をするのです。そして、**幼かった頃に満たされなかったこと**を思い出して、それを埋めるために幼児返りします。

満たされなかったこととは、たとえば次のような思いです。

- 親が優秀な兄や姉をいつも自慢していたが、自分はほめられたことがない
- 親が下の子にかかりきりで、自分はいつもひとりだと感じていた
- 親が仕事や家事に気を取られてばかりで、かまってもらえなかった

もちろん、親は自分の子はみんな同じようにかわいいと思っているし、せいいっぱい愛を伝えているつもりです。でも、**親の与えたい愛情と子どもの受け取りたい愛情が違う**から、このような言動が出てくるのです。難しいですね。

これらはわかりやすい例ですが、聞き出してみると、親にとっては「まさか」と思うような些細な理由で子どもが傷ついていることも多いです。

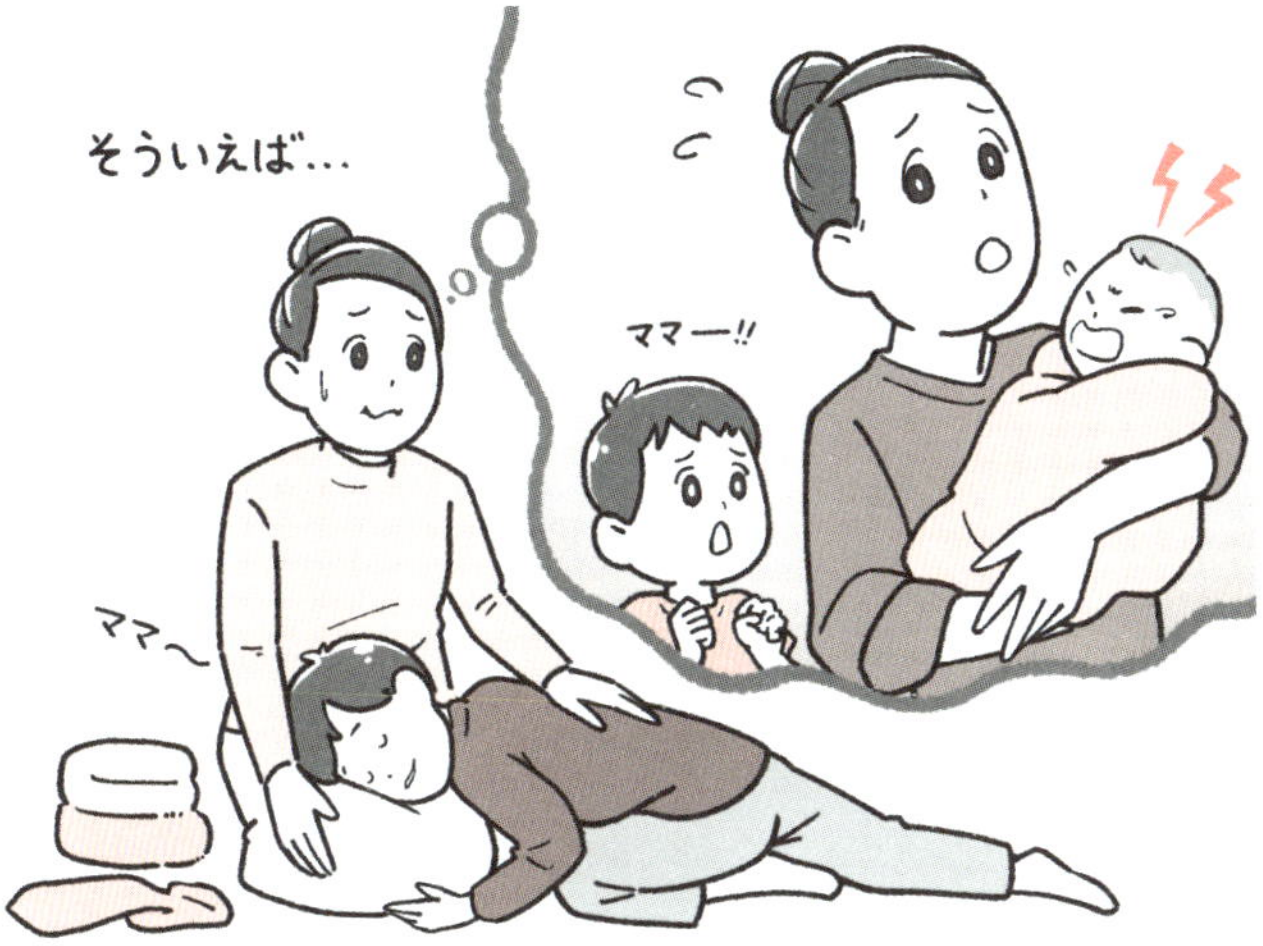

「幼児返りする」ことへの対処法

対処法その①　幼児返りの理由を理解する

繰り返しますが、幼児返りをする子は、小さい頃に満たされなかった感情を取り戻そうとしています。

１０２ページから紹介しているケースでは、本人の姉が病弱で、**両親の目がそちらにばかり向いている**と感じていたようでした。

もちろん、親御さんの愛情が足りなかったというわけではありません。十分に愛情をかけて子育てをされたことと思います。

でも、親がどんなに愛情をかけていたと

しても、子どもがしっかりと「愛情を受け取った」と思っていなければ意味がありません。

満たされない気持ちを抱えたまま大人になると、いわゆる「インナーチャイルド（幼少期に経験したトラウマや未解決の感情を持つ、内なる子ども）」に苦しめられることになります。それは、一時の不登校よりもっと怖いことではないでしょうか。

だから、幼児返りは小さい頃の**子育てをやり直させてもらえる**、貴重なチャンスだと考えましょう。

対処法 その② 子どもを安心感で満たす

幼児返りの理由を理解したうえで、急に子どもが甘えてきても、戸惑ったり拒否したりせずに、**ちゃんと受け止めてあげる**ことが大切です。不安でいっぱいの子どもと一緒に親も不安になっていたら、子どもがますます愛情に疑問を持ってしまいます。

「わがままを言っている」とは思わずに、できる範囲のことはすべてやってあげましょう。そのときに、「言われたから、仕方ない」「もう大きいのに、今さら……」といった思いがあったら、子どもは**必ずそれをキャッチします**。

だから、漫然と子どもの言うことを聞くのではなく、「小さい頃にもっと甘えたかったんだね」と、子どもの気持ちをしっかりと受け容れてあげることが何よりも大切です。

対処法その③　仕事をどうするかは慎重に

他の行動傾向と異なる点として、「幼児返り」は基本的に母親のケアが大切になります。その場合に問題となってくるのが、**母親の仕事**です。

幼児返りした子どもの要求に全力で応えようとすると、そばからなかなか離れることができません。そんなとき「仕事を辞めるべきかどうか」と、受講生のお母さんからよく聞かれます。

先に述べたように、この行動傾向の対処として大切なのは、ただ一緒にいる行為というより、**子どもの気持ちを受け容れる**ことです。

ケースバイケースではありますが、私としては**仕事は辞めずにお子さんと向き合っ**

ていただきたいと思います。

「仕事より子どもとの時間を大切にしたい」と、１００％自分の意思で辞めたいのなら構わないでしょう。でももし、「子どものために仕方なく仕事を辞める」のだとしたら、その「仕方なく」という思いは、必ず子どもに伝わります。

これは、本当の意味で寄り添うことにはなりません。

それよりも、限られた時間でも一緒にいられるときに、真摯に幼児期の子育てをやり直すつもりで、子どもの気持ちを受け止めることが大事です。

もし勤務先に理解があり、時短勤務にできたり休みを増やしてもらえたりするのなら、ありがたくサポートしてもらうといいでしょう。

思い余って辞めてしまわずに、**まずは立ち止まって**考えてみてください。

そして、仕事を続けたいと思っているのなら、その本心をお子さんに伝えましょう。

「あなたのことはとても大切。でも、自分の生き方も大切にして、あなたを受け止められるしっかりとした母親でありたい。たとえ24時間ずっと一緒にいられなくても、

郵 便 は が き

（切手をお貼り下さい）

170-0013

（受取人）

東京都豊島区東池袋 3-9-7
東池袋織本ビル４F
㈱すばる舎 行

この度は、本書をお買い上げいただきまして誠にありがとうございました。
お手数ですが、今後の出版の参考のために各項目にご記入のうえ、弊社までご返送ください。

お名前《ふりがな》	男・女	才
ご住所 〒		
ご職業	E-mail	

今後、新刊に関する情報、新企画へのアンケート、セミナー等のご案内を
郵送またはＥメールでお送りさせていただいてもよろしいでしょうか？

□はい　□いいえ

ご返送いただいた方の中から抽選で毎月３名様に
3,000円分の図書カードをプレゼントさせていただきます。

当選の発表はプレゼントの発送をもって代えさせていただきます。
※ご記入いただいた個人情報はプレゼントの発送以外に利用することはありません。
※本書へのご意見・ご感想に関しては、匿名にて広告等の文面に掲載させていただくことがございます。

◎タイトル：

◎書店名（ネット書店名）：

◎本書へのご意見・ご感想をお聞かせください。

ご協力ありがとうございました。

必ずあなたの気持ちに寄り添うから」

お子さんが落ち着いているときに、こんなふうにはっきりと話してみてください。

一度ではわかってもらえないかもしれませんが、何度も誠実に伝えることで、子どもの気持ちも和らいでいくはずです。

まとめ

- **まずは「幼児返り」しなければならない理由を受け止める**
- **理由を受け止めずに要求を聞いても、それは子どもに伝わる**
- **一緒にいるためには仕事を辞めなきゃ！　はいったん立ち止まって**

幼児返りして甘えるケース

CASE③ 中学3年生（受講時） 女子Cさん 東京都 父（大学教授） 母（絵画教師）

学年でもトップクラスの成績を誇り、優秀な生徒だったCさんが突然学校に行けなくなったのは中学3年生のとき。

自分の部屋に、お母さんを軟禁状態にしてこもるようになりました。

お母さんが少しでも部屋から出ようものなら引き戻す。トイレに行くときにも、「絶対に早く帰ってきてよ！」と言い、遅いと思えばかんしゃくを起こす始末でした。

お風呂も一緒に入りたがり、「髪を洗って」と言います。

夜も、Cさんのシングルベッドに一緒に寝なければ気が済みません。常にお母さんを近くに置き、わがままを言い、スキンシップを求める状態が続きました。

同居する祖父母や父、姉といった他の家族は一切寄せ付けず、ただ母親だけを求めるCさん。学校に通っていた頃の優秀で冷静な姿とは、まるで別人のようだったそうです。

お母さんは、仕方なく自宅でやっていた絵画教室を縮小。昼夜逆転したCさんが昼間に寝ている間に、私に連絡をしてきてくれました。

「高校受験もできませんでした。この子の一生は終わりです」というお母さんに、私は「いいえ、お嬢さんの一生は終わりません。大丈夫」と答えました。そして、もちろんそれは本当になったのです。

幸いなことに、同居していた祖父母は何も言わずに手厚いサポートをしてくれたので、お母さんはCさんの幼児返りを全身で受け止めることができました。

だんだんとCさんは落ち着いてきて、やがて、ベッドにCさん、隣に布団を敷いてお母さんと、別々に寝ることができるようになり、部屋からお母さんが出られる時間も長くなっていきました。

１年後には通信制の高校に通いはじめ、もともと優秀だったので、今は難関大学を目指して受験勉強に励んでいます。

行動傾向④ 自傷行為に及んでしまう

子どもが自分自身を傷つける。

親として、それを目の当たりにすることは本当につらいことです。

・リストカット
・オーバードーズ
・抜毛
・頭を壁にぶつける
・自分を叩く

自己否定感が強すぎて、平常心でいられないほどつらくなり、**現実逃避のため**にこのような自傷行為に走ってしまう子がいます。

ひとつ言っておきたいのは、リストカットやオーバードーズは、確かに命に関わる危険な行為ですが、決して本気で死のうと思っているわけではありません。

逆に、「**生きるために手首を切る**」「**生きるために薬を飲む**」とも言われています。

また、構ってほしくてアピールするために自傷するわけでもありません。むしろ傷跡を隠したり、見つからない場所に薬を置いていたり、親に知られないように子どもたちなりに努力します。

本人たちにとって自傷行為は、ただただ今の苦しみから逃れる手段なのです。

自分を傷つけることで逃避している

自分を叩いたり髪の毛を抜いたりといった、深刻なケガや事故にはつながらない程度の自傷行為については、子どもたちは無意識下にやってしまっているようです。

しかし、リストカットやオーバードーズといった重い自傷行為は、明確に「**自分を傷つける**」という意思を持って行われます。

現実逃避のためとはいえ、なぜそんなに苦しく危険なことをするのか、理解するのは難しいですよね。

日本自傷リストカット支援協会の代表理事で、形成外科医の村松秀之先生は「自傷行為をすることで**脳内麻薬が分泌**され、一時的につらい気持ちが和らいだような感覚になる」と述べています。

この脳内麻薬は「エンケファリン」、「β-エンドルフィン」といいます。

この**痛みの向こう側の快感**によって、生きている実感を持ちたいという気持ちもあるそうです。あるいは、自分はダメな人間だから、傷つけることで罰さなくてはいけないと考えることもあります。

オーバードーズも基本的には同じです。

麻薬や覚せい剤と同様の成分がごく少量含まれている市販薬によって、「気分を良くしたい」「イヤな感情から切り離されたい」という思いから、過剰摂取に至ります。

「自傷行為に及んでしまう」ことへの対処法

対処法その①　行為を否定しない

「なぜこんなことをしたの」「お願いだからやめてちょうだい」。

自傷行為を目にしてしまったら、誰でもこんな言葉を言ってしまいますよね。お気持ちはよくわかります。

でも、こうした言葉を聞くと子どもたちは「**否定された**」と感じてしまいます。自分はつらい気持ちを少しでも和らげたくて自傷しているのに、それをわかってもらえずに禁止されたと感じてしまうのです。

だからグッと我慢して、理由を聞いたり責めたりせずに、ただ「**痛かったね。手当てしようか**」と言いましょう。親の関わりを嫌がるようなら、そっと薬を渡して本人に任せればいいのです。

我が家のサナにも、抜毛行為が見られました。

サナは、「見て、このあたりの毛が薄くなっているの。無意識に抜いちゃうから」と私に抜毛部分を見せてくれました。

これもＳＯＳだったに違いないのに、当時の私はまったくそんなことには気づかずに、「そう？　大したことないよ、大丈夫」と答えました。つまり、安心させようとして、かえって否定してしまったわけです。不正解の見本のような回答でした。

「**そうかもね**」「**どうする？　皮膚科に行ってみる？**」と言えば良かったのです。

どんな自傷行為でも否定せず、事実として受け止めて労りの気持ちだけを伝えることが大事です。

対処法 その②　刃物や薬は隠す

否定しないことは大事ですが、刃物や薬は命に関わる大事故につながる可能性もゼロではありません。**これらは隠しましょう**。鍵をかけて保管してもいいです。

どんなに隠したり管理したりしても、カッター程度なら簡単に買ってくることができますし、インターネット通販で薬を大量に買い込むこともできるので、限界はあるかもしれません。

それでも、「**あなたを危険にさらしたくない**」という親の意思を示すことにはなるので、何もしないよりはずっといいです。

オーバードーズの場合、子どもが自分で注文した薬が届いたときに、それを親の判断で隠したり捨てたりすると、「**どうして勝手なことをするんだ！**」と子どもが荒れることもあります。

また、薬を使わず、持っているだけで落ち着けるという子どももいるので、対処が難しいです。

できれば「薬が届いているけれど、いったん預からせてね。手元に置きたいならそれでもいいけれど、命に関わることもあるから、**どうしても飲みたくなったら相談してくれる？**」ときちんと話してみましょう。

対処法その③ 見張らない

この行動傾向を子どもが見せた場合、「何かあったら大変！」と、四六時中子どもの様子が気になり、**まるで見張っているような雰囲気**になってしまいがちです。

しかし、それは子どもにとっては逆効果。自分がダメだから見張られている、信頼されていないと感じ、自己否定感を強めます。心配ではなく、「気にかけているんだよ」ということを言葉で伝えましょう。

子どもの興味のあるゲームやアニメ、アイドルの話や、最近のニュース、天気の話など、話題は何でもいいのです。自傷行為のケースに限らず、不登校のすべての子に対してぜひやってみてほしいことです。それだけでも必ず、気持ちは伝わります。

まとめ

- どんなに心配でも自傷行為自体を否定しない
- 大事故につながりかねない刃物や薬は隠す
- 子どもを監視するような言動は避け、何気ない会話を欠かさない

自傷行為に及んでしまうケース

CASE④　中学2年生（受講時）　女子Dさん　神奈川県　父（医師）　母（医師）

中堅の中高一貫校に通っていたDさんは、友人関係のトラブルがきっかけで不登校になりました。

裕福な家庭で大切に育てられていたのですが、不登校になって以来、ネットで知り合った友だちと遊びに行くと言って遅くまで帰らないなど、危うい行動も増えてきました。

ご両親は心配でハラハラしながらも、うるさく言ってはいけないと口出しするのを我慢する毎日。

そんなとき、Dさんの部屋に血の付いたティッシュが落ちているのをお母さんが見つけました。それまで抑えてきた心配があふれ出して、つい一気にまくし立ててしまったそうです。

「いったいこれは何？　手首を切ったの？」

「どうしてそんなことをするの！　命を大切にしてちょうだい」

感情的になるお母さんとは対照的に、Ｄさんは取り乱すお母さんを淡々と見ていました。

そして、「あなたにもしものことがあったら、ママは生きていけない」と泣いてしまったら、Ｄさんは冷ややかにこう答えました。

「なんで私がママのために生きなきゃいけないの？」

娘のリストカットを知ったお父さんも、Ｄさんと向き合うつもりでよく言い聞かせました。

「パパは医者として、病気で苦しんでいる人を見ているんだよ。みんな、つらくても生きるために頑張っている。Ｄには、そういう人たちの気持ちがわかる、優しくて強い人になってほしいんだ。そのためには、まず自分を大切にしなきゃいけない」

お父さんは、娘の心に訴えかける話をしたつもりでしたが、Dさんの冷たい表情は崩れません。お父さんの言葉は、まったく耳に入っていないようでした。

ご両親ともに医師であることから、命を粗末にしているように見えるDさんの行動がかなりショックだったとのこと。思い悩んで、たどり着いたのが私の講座でした。

ご夫婦で受講し、まずは自傷行為が「死ぬためではなく生きるため」であることを知ってとても驚いていました。

少しずつDさんの気持ちにも寄り添えるようになってくると、Dさんの表情にも柔らかさが出てきて、どんどん良い変化が見られるように。

半年後には週に2、3回学校に行けるようになり、補講も受けて無事に高校に進学することができました。今では元通りに毎日学校に通っています。

行動傾向⑤ 強迫行動が出てしまう

強迫行動は「**強迫性障がい**」とも言われ、過度な不安やこだわりがあるために日常生活に支障が出る現象です。代表的なものは次のようなものです。

不潔恐怖 → 不潔さをおそれて、しつこいほど手を洗ったり入浴や洗濯を繰り返したり、人が触ったものを全部消毒したりする

儀式行為 → 「自分の決めた手順通りにものごとを進めないといけない」という思い込みや不安から、いつも同じ手順にこだわる

運動強迫 → 「食べてしまったら痩せなきゃいけない」と何時間も運動を続ける

配置のこだわり　→　物の配置にこだわり、ちょっとでもズレるとパニックになる

強迫行動には他にもいろいろな種類がありますが、相談事例では手を過度に洗う「**不潔恐怖**」が一番多いです。

こうした強迫行動も、すべて自己否定感からきています。

「自分は汚い」（不潔恐怖）とか、「決められたことをできない人間だ」（儀式行為）「太っていて醜い」（運動強迫）「自分はきちんとしていない」（配置のこだわり）など、ダメな自分をなんとかしなければならない、という思い込みが原因になっているのです。

実は、当人も、そんなことを不安がったりこだわったりするのはバカバカしい、とわかっていて、やめたいとも思っています。

でも、やめられないから困っているのです。

この「**やめたいけれど、やめられない**」という点が、強迫行動が子どもと家族を苦しめている最も大きなポイントといえます。

「強迫行動が出てしまう」ことへの対処法

対処法その① 気が済むまでやらせる

強迫行動は、強い不安感が原因で起きています。

だから、やめさせようとすればかえって「やめたら不安」という気持ちがますます大きくなり、逆効果になってしまうのです。

あえて、**やめさせようとしないで気が済むまでやらせる**ことが大事です。

とはいえ、やめたくてもやめられずに強迫行動を繰り返す子どもの姿を見せられれば、親の気持ちはざわついて当然です。もし大らかに見守ってやれないのなら、無理して理解のある顔をする必要はありません。

そんなときには、別の部屋に行くなど、少し離れて子どもの姿を見ないようにしましょう。そして、「**あの子の行動を受け容れたいけれど、今の私はどうしても気にしてしまうな**」という自分の気持ちを認めて、受け容れます。

これは、親として恥ずかしいことでも、悪いことでもありません。

大人も子どもも、自分の感情をきちんと認めて受け容れることができないときに「生きづらさ」を感じるものです。

子どもは、親の生き方をダウンロードするもの。

自分の感情を受け容れられず、自己否定をする親を見たら、子どもも自分に自信が持てなくなってしまいます。

そんな悪循環を断ち切るためにも、「**自分の気持ちを認める**」ことを意識して過ごすようにしていると心が満たされた時間が増え、次第に気にならなくなっていきます。

対処法その② 子どもの行動を否定しない

やめたくてもやめられない。それが強迫行動です。

だから子どもには、その**行動を否定せずに**、安心感を与える言葉がけをしたいもの。

「今日も何度も手を洗ったの？　それで落ち着けるのなら、別にいいんじゃない？手荒れが気になるなら、このクリームを使うといいよ」

「食事前の儀式をちゃんとやりたいのね。ただ、お母さんは後片付けとかやることが

たくさんあるから、悪いけど先に食べるから。あなたも、たとえ時間がかかってもおいしく食べられたらいいな」

こんなふうに、親ならではの愛情で不安を包み込んであげてください。

そうすると、「**私はおかしいわけじゃないんだ**」「**このままでも大丈夫なんだ**」と落ち着くことができ、結果的に強迫行動が収まってくるのです。

対処法 その③ 使うものを家に置かない

たとえば手洗いに関する強迫行動で、ハンドソープを異常に使うような場合には、そもそもハンドソープのストックを置かないようにしましょう。

やめさせようとして無理に取り上げることはおすすめできませんが、はじめから家にないのであれば、「**残念ながら買い置きがないの**」と言えます。

他にも、強迫行動でいつも使うものがあれば、それを目の前で取り上げたり捨てたりすると本人を刺激しますが、新しいものを置かないことで「**できない状況を作る**」ことは非常に有効です。

まとめ

- やめさせようとするとかえってエスカレートする
- 子どもには安心感を与える言葉がけをするよう心がける
- 「そもそも強迫行動に使うものを置かない」のが有効

強迫行動が出てしまうケース①

CASE⑤ 高校1年生（受講時） 女子Eさん 滋賀県 父（歯科医） 母（歯科医院事務）

ご両親にきちんと躾けられ、近所でも「きれいで明るいお嬢さん」と評判だったEさんですが、高校に入学してしばらくすると、どんどん元気を失っていきました。

どうも、学校で、

「ちょっとかわいいと思っていい気になっている」

「大してきれいでもないくせに」

と陰口を言われていたようです。

ゴールデンウイークが終わる頃には、不登校になってしまいました。

そして、ほとんど家にいて汚れるわけでもないのに、手洗いに異常に時間を費やすようになりました。

その量、なんと、1日にハンドソープを3本分も消費してしまうほど。

「どうしてそんなに手を洗うの？　汚れてもいないし、そんなに洗う必要はないでしょ」

そんなお母さんの言葉にも、

「ううん、私、汚いの。洗いすぎかもしれないけど、気になって洗わずにはいられないの」

と答えて洗い続けました。

しかし、私の講座を受講したお母さんが対応を変えたところ、少しずつ手洗いの頻度が減ってきました。

今は手を洗った後に、「私、また手洗いしちゃった。気が済んだから、まあいいかな」と言えるようになったので、もう少し時間をかければ、強迫行動も収まりそうです。

強迫行動が出てしまうケース②

CASE⑥ 中学2年生（受講時） 男子Fくん 群馬県 父（会社員） 母（専業主婦）

ひとりっ子で少しのんびりしたところのあったFくんが、学校に行けなくなったのは中学2年の2学期。

ある日、午後2時頃にお母さんが早めにパートから帰って来ると、用意しておいた昼食をF君がまだ食べているところでした。ずいぶん遅くに昼ご飯を食べるのね、と思ったのですが、その謎が夕食のときに解けました。

お母さんがテーブルにお皿を並べていこうとすると

「待って、味噌汁はまだ持ってこないで！」

「お箸はここに置く」

「食べる前に作ってくれたお母さんに感謝を言うからね」

と、自分なりの決まりを作っていることがわかったのです。

まるで、食事前の〝儀式〟のようでした。

それからだんだんその儀式は増えていって、時間もかかるようになってきました。

「さっさと食べなさい」と促してもますますひどくなり、

「これからご飯をいただきます。よく噛んで、まわりを汚さないようにしっかり食べます」

という言葉を30回も繰り返すまで、他の家族が食べはじめるのも許さない状況に。

何度も親子間でバトルが繰り返されました。やめさせようとすれば、かえって興奮して意固地になるＦくん。

しかし、ご両親があきらめてうるさく言うのをやめてから、少しずつＦくんも落ち着きを取り戻し、あまり儀式にこだわらなくなりました。

それと同時に、学校には行かなくても高校受験の勉強をはじめました。

今は、高校に合格できたらちゃんと通うつもりだと話してくれています。

Column サナッチ先生が教える不登校の子どもの気持ち②

「お風呂に入れない私でもいい」と思えたドライシャンプー

学校に行けずにどんよりしているときは、いろいろなことができなくなります。

たとえば、お風呂に入るのはそれまでごく当たり前の行為だったけれど、不登校になってからは「風呂に入らなきゃ。でも入れない、入れない、入れない……。今日は入れない」っていう感じ。

そして次の日も、「面倒くさいな。入れない、入れない、入れない……。今日も入れなかった」と思う、その繰り返しなんです。

そういうときに、ちょっと嬉しいと思えたのは、いつもはウザいだけの母が「サナ、買って来たよ！」とドライシャンプーを買ってきてくれたこと。

ドライシャンプーは、お風呂で洗わなくても頭皮や髪をさっぱり清潔にしてくれるスプレーやシートタイプの商品です。つまり、お風呂に入らなくてもいいんです！ドライシャンプーを買ってくれたっていうことは、「お風呂に入れない私でもいい」と母は思っている。

それが、なんだかホッとしました。

それがもし入浴剤だったら、「私はお風呂に入れないのに！」とカチンときたかもしれません。素敵な入浴剤はテンションを上げてくれるものだけど、それはお風呂に入ることがルーティーンになっている人の場合。

でも私は入れないから、「この入浴剤を使って入りなさい！」と言われている気がしたと思います。

たまに入浴できる日に、浴室に入る瞬間に「入るなら使ったら？」という感じで手渡してもらえたら、入浴剤でも嬉しいかも。

いろいろできなくても、怠けているつもりではないから、それを「やりなさい」「どうしてやらないの？」と詰められても困ります。

できないものはできない。できるのなら、言われなくてもやっています（笑）！

第3章

親を苦しめる「呪い」の真実

5つの行動傾向への対処法は根本解決ではありません。
不登校の子どもの自己否定感を強めずに「見守る」には、
子どもではなく、親の心に着目する必要があります。
自分は自分のままでいいと受け容れられていますか？

子どもの問題の前に、あなたの心は平穏?

前章では不登校の子どもの行動傾向との向き合い方について学びましたが、あれらはあくまで**対症療法**に過ぎません。本章では、真の意味で子どもを見守るために**親、特に母親の心の問題**にアプローチします。

子どもが不登校になると、親は「子どもが問題を抱えている」と考えて、子どもの中に原因を探そうとします。

まず、学校に行かないというだけで〝普通〟じゃない。無気力だし、体調も悪そう。心か身体かわからないけれど、何か病気になってしまったのではないか?

そう思う気持ちは理解できます。私もそうでしたから。

でも、家族心理学や家族療法の考え方では、「家族の中で問題を抱えた人（不登校問題では不登校になった子ども）が出てきたら、それは本人だけの問題ではなく、**家族全体の問題**」だと捉えられます。

家族が機能するには境界線が必要

「家族全体の問題」とは、「**家族の機能の問題**」と言い換えることもできます。

家族をシステムとして考えるなら、それが健全に機能するには世代間の**境界線**が明確であることが望ましいとされています。

つまり、「祖父母世代」「父母世代」「子ども世代」それぞれがきっちり分かれていること。同じ世代に属するメンバーは共通認識を持って同じ方向を向くことが求められます。

ところが、現代の日本の家庭では、この境界線が崩れているケースが多いのです。

そもそも祖父母がいない「核家族」が多いので、家庭内が父母世代と子ども世代、という分かれ方ではなく「**父親ひとり**」と「**母親・子ども連合**」という世代を無視したくくりになっている家族が少なくありません。

そうすると、両親間の共通認識がなく、母親と子どもが同化するという、不自然な家族像が現れてきます。

もともと子どもは親の非言語を読み取り、感情をダウンロードしてしまうものですが、母子連合となって一体化すると、ますます母親の影響を受けることになります。

つまり、現代の不登校の子どものケアを考えるときには、家族、特に**母親の心**に着目しなければならないのです。

学校は変えられないけれど家庭は変えられる

子どもが不登校になったとき、その原因が子ども自身にあると考えてしまうのは、こうした「家族全体の問題」という受け止め方ができていないからです。

もし家族の問題だとしたら、自分たちの育て方が悪かったことになってしまう。

子どものことはもちろん心配だけれど、何より周囲から私がおかしいと思われたくない。だから、一刻も早く子どもをなんとかしなくては、と焦ってしまいます。
それが、ごく一般的なお母さんの姿であり考え方です。
でも、安心してください。

お子さんの不登校は家族の問題ではあるけれど、だからといって「**家族のせいで不登校になる**」というわけではありません。

第1章で述べた通り、「学校がイヤなところだという刷り込み」「強い自己否定感への直面」、そして何より、「昔ながらの学校教育制度」という苦しい環境の中に子どもたちがいることこそが、大きな原因です。

ただ、もし家庭が子どもにとって安心安全なセキュアベース（57ページ）であったなら、なんとか学校に行き続けられるかもしれないし、不登校になったとしても、通信制の学校やフリースクールなど学校とは**別の選択肢を自分で選べる**かもしれません。家庭がセキュアベースではないことで、次の一歩を踏み出せないのだとしたら、それこそが家族の問題だということです。

私たち一人ひとりの親には、今の教育制度を変えることはなかなかできません。

それなら、**家族が変わって家庭を変えたらいい**。そう思いませんか？

セキュアベースを作るために自分をふり返る

さきほど述べたように、不登校は、学校に行かないこと自体が問題なのではなく、不登校となったお子さんが、自分自身を受け容れて生き方を選択することができないことが問題なのです。

ご家庭がセキュアベースになれば、お子さんは「**学校に戻る**」という選択肢を選ぶか、あるいは「**転校先を探す**」「**通信制の学校やフリースクールを選ぶ**」など、さまざまな道から自分の生き方を選ぶことができるようになります。

不登校問題に悩むご家庭が目指すべきなのは、まさにここです。

学校に行く、行かないは重要ではなく、お子さんが自分らしく生きられる選択をできるようにすることが大切です。

そして、家庭がセキュアベースになるには、家族のあり方を見直すことが大切です。まず、お母さん自身の心が平穏を保ち、子どもと一体化してしまわないことです。

自分のあり方をふり返り、悩み・苦しみを自覚して解放できれば、必ず状況は変わります。

自分自身が不登校の子どもの親であり、これまでたくさんの不登校のご家庭を見てきた私は、「**親が変わることで必ず子どもも変われる**」と自信を持ってお伝えしたいのです。

まとめ

- 不登校は子どもではなく、家庭の機能の問題
- 不登校が問題なのではなく、子どもが自分の道を選べないことが問題

「すべき」「せねば」思考が心の平穏を乱す「呪い」となる

では、子どもの不登校に悩むお母さんたちの心の平穏を乱しているものは何か？

私は相談に乗ってきた６００名以上の方々に、ある共通する「**思考のクセ**」を見つけました。

それは、常に「**〇〇すべき**」「**〇〇せねば**」と考えに囚われているということです。

こうしたクセがいわば「**呪い**」のように自分自身を縛り、悩みや苦しみを生み出しているのです。

この呪いは昨日今日生まれたものではなく、お母さんが成長する過程で、その親から刷り込まれたものです。そしてやっかいなことに、私たちはそれが「呪い」だとはまったく気づいていません。

むしろ、親から躾けられ、諭されてきた「**正しいこと**」だと思っているのです。

だからいつまでも囚われたままで、そのクセから自由になることができません。

例を挙げましょう。

「人はまじめに努力するべき」

「困っている人には親切にせねばならない」

これらは人として、みなさんの心の中にもある当然の倫理です。

でも、幼い頃から親にずっと言い聞かされていると、いつしかガチガチの義務となっていって、**「できなければダメな人なんだ」**という思考になっていきます。

あるいは、学歴、部活動歴など、家庭内の基準を満たさなければならない、と思い込んでいることもあります。そうした強迫観念が、やがて「呪い」となってお母さんを苦しめるのです。

無意識に学歴に縛られていた私

私もまさに、**「学歴」という呪い**に縛られていました。

両親からは、特に「いい学校に行け」と言われていたわけではありません。

ただ、私の父は大学教授でしたし、両親どちらの家系も学者ばかりという、アカデミックな家で育ちました。

その中で、自分は受験の失敗という挫折を味わうことになるのですが、なんとか**挽回した経験が**あったので、学歴を重んじる人間になっていったのだと思います。

そんな呪いに囚われていたから、サナが中学受験に失敗したことも、上の2人の姉と違ってスポーツに打ち込まないことにも、どこか歯がゆさを感じていました。

もちろん娘はかわいいですから、失望したということではありません。

ただ、「**かつて挫折を克服した私のように、この子をなんとかしてあげなきゃ！**」と必死に構うようになっていきました。

私は親として、子どもの世代とはきっちりと境界線を引き、本人の意思や気持ちを自由に表現させるべきだったのに、サナと**一体化して自分の思い通りにしようとしていた**わけです。

自分を縛っていた思考のクセで、サナをも縛っていたことに気づかなかったのです。

「呪い」が生まれる簡単な構造
お母さんを笑顔にするには…
良い成績を褒めてもらえた！
次も良い点数を取らなきゃ！
十数年後…
笑顔にしてくれるわよね？

生存本能が「呪い」を引き寄せる

この「呪い」に囚われるのは、ちっとも特別なことではありません。

考えてみてください。

私たち人間は、生まれてすぐに自力で生きていける生物ではありません。

未熟な状態で生を受け、親、特に母親に捨てられたら生きていけないのです。

だから、常に「**お母さんに笑顔になってもらうにはどうしたらいいか**」ということを本能的に探します。**生存本能**ですね。

幼い頃から、「○○をしたらほめてもらえた」「○○ができたら喜んでくれた」という経験を重ねて、それがいつしか「○○

すべき」「〇〇せねば」になっていくのです。

その思考のクセの種類や、濃度に個人差があるだけで、「**なんとなくいつも我慢している**」とか、「**思い通りにいかないことが多い**」とか、心に澱《おり》が溜まるような感覚は誰もが理解できるのではないでしょうか。

そして、それが子育に反映されてしまうと、私のように、自分が囚われている呪いを子どもに受け継がせてしまうことになるのです。

まとめ

- **「せねば」「すべき」という思考のクセがやがて呪いとなって人を縛る**
- **呪いの大元は「お母さんに喜んでほしい」という生存本能**

社会が生み出す「呪い」のタイプを知ろう

「呪い」が生まれ、受け継がれてしまう構造は理解いただけたかと思います。

ただ、先に述べたように、「せねば」「すべき」思考のクセがついたお母さんは、自分ではそれに囚われている自覚がありません。

そこで、これから代表的な「呪い」のタイプをいくつかご紹介しますので、自分に当てはまっていないか、考えてみてください。

きっとみなさんも「あるある！」と思うはずです。

「呪い」その①　頑張らないと価値がない

「頑張らない怠け者になってはいけない」「頑張れば報われる」。

この考えは、社会全体に行き渡っていると言っていいでしょう。

特に、私のような昭和の高度経済成長期に子ども時代を送った親は、「頑張って当然」という意識が強いと思います。

たとえば、私が相談を受けたあるお母さんは、４人姉弟の長女として、小学生の頃から家族全員分の食事を作るなど、家事を頑張ってきたそうです。お父さんが身体が不自由で働けず、お母さんの稼ぎが一家の生活を支えていたからです。

彼女は母親に甘えることもできずに苦労をしたけれど、「**家族が喜んでくれるのが嬉しかった**」と記憶していて、自分の経験をポジティブに受け止めていました。

ただ、これが「頑張らないと価値がない」という呪いを生んでしまったのです。自分はずっと一生懸命に頑張ってきた。だからこそ、今、幸せでいられる――それに引き換え、不登校の娘は〝**頑張っていない**〟ように見えて、イライラしてしまったそうです。

「どんなに大変でもちゃんと学校に行って頑張った私に比べて、娘はすごく恵まれているのに！」と……。たとえ言葉にしなくても、こんな**心の声は子どもに必ず伝わり**、自己否定感を生みます。

「呪い」その②　立派な学歴を手に入れなければならない

これはまさに、過去の私です。

学者一家に生まれながら受験に失敗し、そのコンプレックスを糧に高校受験で挽回して楽しい学生生活を送れたことで、

「やっぱり目標の学校に行くのが一番だ！」

と考えるようになっていました。

自分では、娘にそこまで高い理想を押し付けていたつもりはなかったのですが、知らず知らずのうちに私基準の「当たり前」のレベルに子どもを引き上げようと必死になっていました。

「自分と同じように」と考えるケースだけでなく、「**自分はうまくいかなかったから、せめて子どもには！**」と考えるケースも多いです。

確かに、偏差値の高い大学に入って、大企業に就職することが幸せ、という価値観が、一昔前の日本にはありました。でも、考えてみれば学歴の捉え方は人によってまったく違います。

同じ大学でも「入学できて良かった！」と喜ぶ人もいれば、「ここにしか入学できなかった……」とうなだれる人もいます。

それぞれの物差しで**自分を縛ってしまっている**のです。そんなお母さんにとって、子どもの学歴を直撃する不登校という問題は、生死がかかっているかのような悩みになってしまうのです。

「呪い」その③　時間を守らなくてはならない

このあたりから「え、それって『呪い』なの？　当たり前では？」と思われる人が増えることでしょう。

日本社会は、**世界でも類を見ないほど時間に厳しい**です。家庭でも時間を守るように躾けられますし、学校教育でも「10分前行動」などと教えられて、決められた時間よりも前にスタンバイすることが推奨されます。

「時間を守るのは当然！　守らないなんてあり得ない」

そう思い込んでいるお母さんの目には、学校に行くべき時間に起きてこない不登校の我が子は、「ルーズなダメ人間になってしまった」ように映ります。

とはいえ、世界に目を転じれば、電車が時刻表どおりに来る国など、そうありません。イタリアで待ち合わせ時間の10分前に着いていたら、1時間以上待ちぼうけを食うことでしょう。しょせん、**社会が決めた物差しのひとつ**に過ぎないのです。

「呪い」その④　自分より他人を優先するべき

「**自己犠牲の精神は美しい**」。

そんな風潮がありませんか？

確かに、自分が損をしても、困っている他人を助けられるのはすばらしいことです。しかし、内心は「イヤだな」と思っていたとしたら、それは社会に押し付けられた価値観に振り回されているだけです。

あるお母さんは、幼い頃から自分の母親に

「人のために、人が嫌がることを進んでしなさい」

と言い聞かせられてきたので、他人に**どんなに損な役回りを押し付けられても、断れない性格**になってしまいました。

本当は他人のために馬鹿を見るのは嫌だ。でも、人のために我慢すれば、お母さんはほめてくれる——自分の都合を優先したら、お母さんから見捨てられてしまう。

心の奥底で、そう思い込んでしまったわけです。

こうやって成長してきた人は、当然、自分の子どもにも他人を優先するいわゆる「いい子」であることを求めます。それが**我慢につぐ我慢の上に成り立っている**、表面的な〝いい子〟であっても、「うちの子はいい子なの！」と満足します。

「呪い」その⑤ 人に迷惑をかけてはいけない

日本人のほとんどは、この呪いに囚われているのではないでしょうか。

人の目を気にして、迷惑をかけないように神経をすり減らすのは、国民性と言ってもいいと思います。

しかし、**不登校になれば迷惑のオンパレード**です。学校に迷惑をかける、先生に迷惑をかける、親戚の世間体に迷惑をかける……。

「人の迷惑を考えて！」

親がそう考えることは、子どもを追い詰めることにしかなりません。

リミティング・ビリーフを緩めよう

「呪い」のもとになっている「○○すべき」「○○せねば」という思い込みは、自分の行動や考え方にネガティブな制限をかけてしまう、という意味で、心理学用語で「**リミティング・ビリーフ**」と呼ばれています。

ネガティブなものにもかかわらず、ここまで挙げてきたリミティング・ビリーフは、昔から日本で道徳的に良しとされてきたことばかりです。

その③「時間を守らなくてはならない」、その④「人を優先すべき」、その⑤「人に迷惑をかけてはいけない」などは、その好例です。

これらが道徳的で正しい行いであることは確かですが、その「正しさ」に**過剰に適応しようとする**と、自分、ひいては子どもの首を絞めることになるのです。

視野を広げて考えてみましょう。日本では「人に迷惑をかけてはいけない」と教えますが、インドには「**あなたは他人に迷惑をかけて生きているのだから、他人のことも許してあげなさい**」ということわざがあるそうです。

日本での教えの通りに無理をして、「迷惑をかけないようにしなきゃ！」と必死になっていると、反対に他人から迷惑をかけられたとき、「**私は頑張っているのに、あの人は……**」と、許せなくなりませんか？

どちらが良い社会でしょうか？

「お互いさま」で、人と迷惑をかけ合い、許し合えるインドの方に、優しさがあると思うのです。

あらゆる「呪い」に囚われているお母さんに言ってあげたいのは、多少人に迷惑をかけるとしても、まずは自分自身を大切にしましょう、ということ。

心理学のある分野では、「**自分を大切にできなければ人を大切にできない**」と言われています（「セルフコンパッション」）。

でも、日本の道徳の授業では、「人のために」という美徳ばかりを教わり、「**自分を大切に**」とは言われません。とても残念なことだと思います。

もちろん「時間は守らなくてもいい」、「人に迷惑をかけよう」と言いたいのではありません。社会的生活を送るうえで、「〇〇すべき」「〇〇せねば」を完全になくすことは難しいでしょう。

幼い頃から刷り込まれたリミティング・ビリーフは、なくそうと思っても、そうそう簡単になくせるものではありません。

だから、**緩めればいい**のです。

自分がはまりやすい「すべき」「せねば」思考をあらかじめ知っておいて、それを自分以外の人、特に**子どもに当てはめようとしない**ことです。

家庭内でも、我が子が自分の信条通りの行動をしなくても、責めないこと。嘆かないこと。なんとか導いてやろうとプレッシャーをかけないことです。

まとめ

- 代表的な「呪い」には5つあり、どれも美徳とされている
- 目指すべきは「呪い」の克服ではなく、他人に当てはめないこと

リミティング・ビリーフに気づこう

人が生存本能によって自然に獲得してしまった「リミティング・ビリーフ」。これらに自覚的になり、緩めることが子どもに「呪い」を受け継がせない近道だと述べましたが、ここではその**緩め方**について、順を追って深堀りをしていきましょう。

第1ステップ　リミティング・ビリーフの起源を知る

繰り返しになりますが、まずは自分がどんな「リミティング・ビリーフ」を持っているのかに気づくことが大切です。

誰しも日常生活のなかで、絶対的に「**正しい**」と信じている行動があるでしょう。あるいは、他人の行動で「**許せない**」と思うことがあるでしょう。

その「正しい」「許せない」の元になった体験を記憶の底から探ってみましょう。
できたことをお母さんやお父さん、先生にほめられたのでは？
もしくは、できなかったことを怒られたのでは？
必ずそこには**大人の影響**があるはずです。

第2ステップ　リミティング・ビリーフを押し付けない

リミティング・ビリーフの中には、道徳と結びついていて、社会で生きていくために役立つ考え方もありますが、「立派な学歴を手に入れなければならない」のような、愚にもつかない「呪い」もあります。これに気づいたら「**手放していいんだ**」と自分に言って聞かせてみましょう。

道徳と結びつき、完全に解放されるのが難しいものに関しては「**自分が守っても、他人、特に子どもには強制しない**」ことを自分の中の約束事としましょう。

第3ステップ　セルフイメージを高める

これまでリミティング・ビリーフに支配されてきたお母さんは、常に「すべき」「せねば」思考を守ろうと必死になったり、守れなくて自己嫌悪に陥ったりしています。

そして、そんな自分はダメだと自己否定を繰り返しています。

こうした「呪い」に強く囚われているとしたら、自分を受け容れることができずに自己肯定感も低い状態だと思います。

しかし、「何をきっかけに」「何に囚われていたのか」に気づくことができると「そうだったんだね。それは生きるために仕方がなかったね」と自分を受け容れることができるようになり、それが「**私は私のままでいい**」という自己受容につながるのです。自己受容できれば自己肯定感は高まります。

すると、「**セルフイメージ**」（自分について抱いているイメージ）を高めることにもなります。

自己肯定感とセルフイメージは同義ではありませんが、密接に関わっているものです。自分をネガティブに捉えていたら自己肯定感が高いはずはないし、ポジティブに捉えられたら、自己肯定感は高まります。

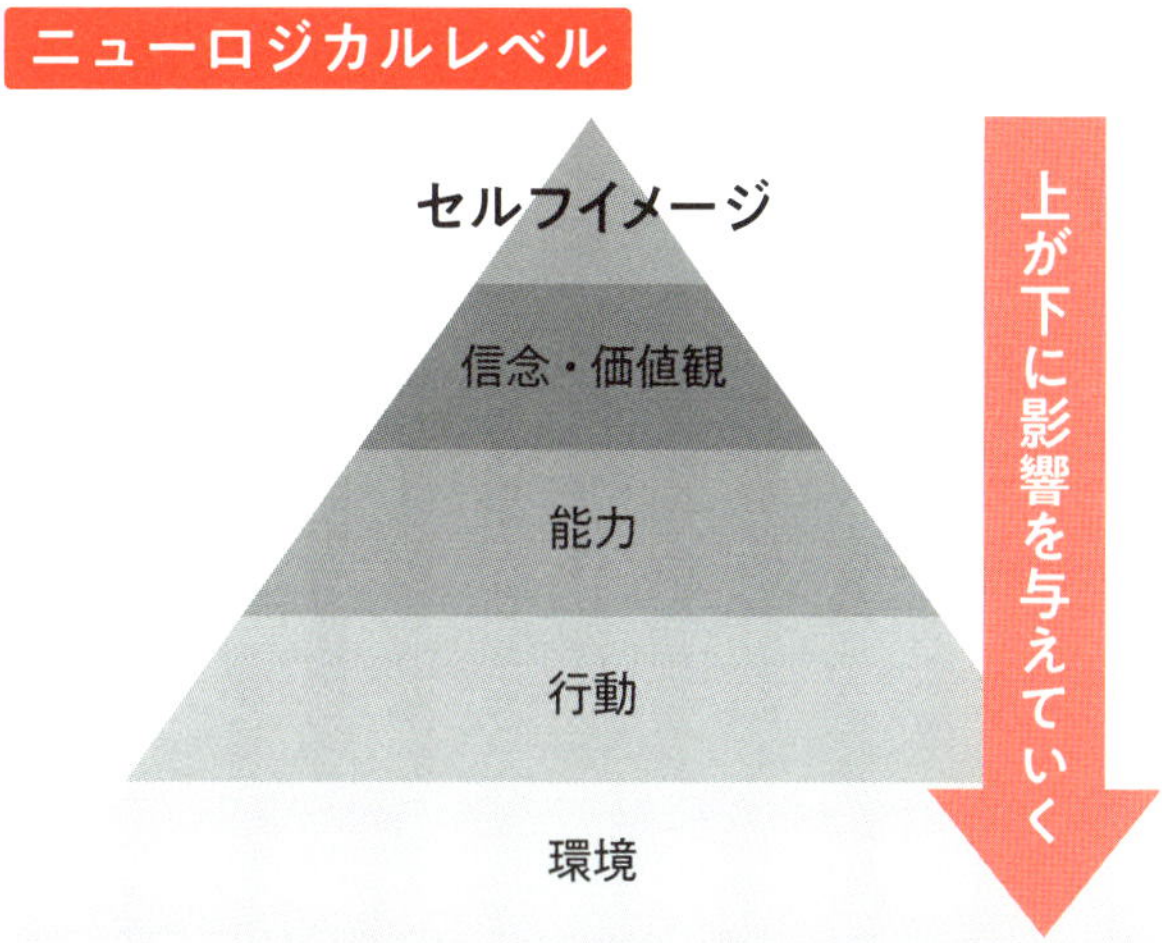

なぜセルフイメージを高めるのか

何度もお伝えしているように、子どもは親の姿をダウンロードします。

セルフイメージも自己肯定感も低い親の元では自己肯定感が低くなるのは自明です。そして、不登校の子どもたちの自己肯定感は、総じて低い傾向にあります。

だから、まずは**親のセルフイメージと自己肯定感を上げ、自分らしく人生を楽しむ姿を見せる**ことがとても大切なのです。

実は、私が学んだＮＬＰ心理学の分野では、人には５つの意識レベルがあるとされていて、その一番上にセルフイメージがあるのです（「ニューロジカルレベル」）。

上のレベルであればあるほど、**人の行動や意識に与える影響が大きい**とされています。つまり、セルフイメージは行動や意識の変化に最も影響を与えるものと言えるのです。

子どもが不登校になると「学校が合わないのかな?」と環境に思いを巡らせたり、「お友だちと揉めているなら、なんとかしないと」と行動でどうにかしようとしたりしますが、肝心のセルフイメージが見過ごされています。

子どものセルフイメージを高めたいなら、そう、まずは**お母さん自身がセルフイメージを高めて、その姿を見せる**必要があるのです。

まとめ

- リミティング・ビリーフの緩め方には3段階ある
- セルフイメージの高い母の姿を見せることが、子どもにとって重要

「呪い」からの解放で世界は変わる

お母さんが、自分の「すべき」「せねば」思考に気づくだけで、子どもの不登校問題が改善される？

まさか、それだけのことで？

そう思った読者の方も多いことと思います。

抱えている問題の重さに比べて、あまりにもアドバイスがシンプルで心配になることでしょう。

ただ**シンプルなことと、簡単なことは違います**。自分と向き合うのはつらいことですし、一度気づけたとしても、ふとした瞬間に呪われた自分に戻ってしまうお母さんも多いのです。長年の思考のクセから解放されるためには**時間も努力も必要**です。

そのきっかけをつかみ、成功したご家族のエピソードを紹介させてください。

両親との関係性が思考のクセを作る

主婦のGさんは、一代で事業を成功させたお父さんと、お父さんには家庭の心配事を一切伝えず、ひとりで家事育児をこなした優しいお母さんの元で育ちました。

お母さんは家の中をいつもきれいにして、夜遅く夕飯を食べるお父さんのために手料理を温め直したり、夜中に魚を焼いたりするなど、細やかに気を遣う人でした。

でも、お父さんはそんなお母さんに「ありがとう」と言ったことはほとんどなく、仕事のせいなのか、不機嫌なこともしばしばありました。お母さんは、お父さんの機嫌が悪いと顔色をうかがうようにおどおどし、さらに気を遣っていたそうです。

Gさんがお母さんを心配すると、「**大丈夫よ。お母さんが悪いのよ**」と答えるのが常でした。

そんなGさんも結婚し、子どもが生まれました。

しっかりとお母さんの気質を受け継ぎ「**家族に尽くさねば**」「**家族が不満を抱えていたら自分が悪い**」と考える、呪われた母になってしまいました。

大切に育ててきた長女のHさんが不登校になったのは、高校1年生の夏休み明けのこと。幼児退行にリストカットと、次々に心配させる行動を繰り広げます。
もともと家族の不満は自分のせいと考えてきたGさんは、「**Hがこんなことになったのも、私のせいだ。私がきちんと育てなかったから……**」と、ますます自分を責めるようになり、ストレスから狭心症を発症し、ついに手術まですることになってしまいました。

Gさんは、娘への心配と自責の念でどん底まで落ち込んでいた頃、私の講座を受けに来てくれました。そこで「呪い」についてお伝えし、「**まず、ご自身が自己否定から卒業する必要がある**」とアドバイスさせていただきました。

それを聞いて、行動を起こしたGさん。
Gさんは、まず**ご自分のお母さんに会いに行き**、お父さんが不機嫌なときには本当はつらかったこと、自分は頑張っているのに報われないと思っていたこと、などを聞き出しました。

「当時は私も必死だったから、本当に自分のせいだと思っていた。今、あなたが大人になったから言えるし、聞いてもらえて嬉しかった」

そんなお母さんの言葉を聞き、Gさんもだんだん「自分の気持ちをもっと大事にしていいのだ」と思えるようになりました。

「家族に尽くさねば」を止めたら奇跡が起きた

Hさんにばかり意識を向けているのも良くないと、配信サービスでさまざまな映画を観る時間を作るようになって、Gさんは映画のおもしろさに気が付きました。

毎日、家族のことを気にしてばかりいなくても、やることさえちゃんとやっていれば、**自分のために時間を過ごしていいんだ**。別に誰かに怒られるわけじゃない。

映画を観ると、感動したり楽しくなったり、心がギュッとなったりする。その感覚に身を浸していてもいいんだ！

そして、おもしろかった作品について誰かに話したくて、無言でご飯を食べるHさんに「今日観た映画はね……」と話しかけていたら、はじめは無表情だったHさんも**だんだん話を聞くようになってきた**のです。

それまでは「今日はどんな気分？」「家でもちょっとは教科書を見ておかないと勉強が遅れるわよ」と、Hさんを心配する言葉しか出てこなくて、さんざんHさんをうんざりさせていたのに、です。

Hさんもやっと「プレッシャーを感じることなく、お母さんと話ができるようになってきた」と感じていたようです。表情が少しずつ和らいでいきました。

やがて「**この子には何も問題がなかった**」と心から思えるようになったGさん。自分の心配をHさんに押し付けなくなりました。すると徐々にHさんも元気を取り戻し、諦めていた大学進学を果たしたのです。

今は、以前の殺伐とした空気がウソのような仲良し家族になったそうです。

「こんなに変わるなんてまるで奇跡みたい」とGさんは笑顔で話してくれましたが、**彼女自身の努力と行動**が引き寄せた結果であることは言うまでもありません。

お父さんにも「呪い」はある

ところで、お子さんが不登校になったことで子どもだけではなく、夫との関係にも難しさを感じるお母さんがよくいらっしゃいます。

多くのお父さんは、「**子どもを社会に送り出さなければならない！**」という想いを強く持っているため、子どもの不登校を受け容れがたいと感じています

そこでつい、悩んでいる妻に対して「おまえが子どもに甘いからだ」「躾がなっていないからだ」「ちゃんと学校に行かせろ」と言ってしまう。

でも、もちろんお父さんだって、我が子の幸せを願っています。

だからこそ、「学校に行く・行かない」といった近視眼的なことではなく、もっと高い視点で子どもが幸せになるためにはどうすればいいのかということを、夫婦ですり合わせられることが理想です。

けれど、なかなかうまくいかないもので、せっかくお母さんがご自身の心の奥底にある苦しみに気づき、呪いの連鎖を断ち切ろうとしているのに、まったく協力が得られないこともめずらしくありません。

ここであきらめずに、ぜひご夫婦で向き合っていただきたいです。

お父さんも不安であるだけでなく、お母さんと同じように、やはり**自分なりの思考のクセ、呪いを抱えている**ものです。だから、まずは夫の話をよく聞くこと。それを徹底的に続けていくと、夫婦の関係性はおのずと変わってきます。

「会社から帰って来た夫の遅い夕食時に、自分は食べ終わっていても一緒にテーブルについて話を聞くようにしたら、だんだん夫の態度が和らいで協力的になった」という声も実際に聞いています。

夫の話を**真剣に聞き切ることを繰り返している**と、信頼感が生まれるはずです。

この信頼感を土台に、一緒に子どもの幸せを考えたいですね。そして、両親の間に信頼感があることを子どもが感じ取れば、子どもの心も安定します。

まとめ

- 「呪い」の解消法はシンプルだが行動・努力が必要になる
- 夫の話を聞き切ることで、一緒の方向を向くことができるようになる

Column サナッチ先生が教える不登校の子どもの気持ち③

「キミの家、面倒くさいね」で救われた

私が通っていた中高一貫校には、不登校になった私を心配してくれる先生もいました。でも、「悩んでいることがあったら話してみて」と言われて話すと、「そうは言っても、お母さんも心配しているから」とか「あなたのためを思ってのことだから」という言葉が返ってくるんですよね。

あの、そんなこと知ってますけど……？　って感じなんです、私にとっては。

わかっているけど、モヤモヤする。だから苦しいのに。

そんな先生方の中で、異色の先生がいました。

その先生は私の話を聞いて、「キミの家、面倒くさいね。お母さんウザいよ」と言いました。

「お母さんは、お母さんの人生と君の人生を一緒にしてるね。君も君の人生とお母さんの人生を一緒にしてしまっている。君は君の人生を生きなさい。それには、学費出

してもらって地方の大学でも行って、離れた方がいいんだよ」

親に対して、ウザいって言っていいんだ！　離れたっていいんだ！

私ははじめて、自分の気持ちを言語化してくれた大人がいた！　と思いました。

小さい頃から微妙に溝を感じていた姉２人。お姉ちゃんたちと同じようにスポーツで結果を出せれば、お姉ちゃんたちと同じ学校に入れれば、仲良くしてもらえるとずっと思っていたけど、別に仲良くしなくてもいいや。

そう思えたら、なんだかちょっと気が楽になりました。そしてちょうどその頃から、母が私を否定せずに肯定してくれるようになったことを感じはじめて、少しずつ私の感情も整ってきました。

家族以外の大人の言葉って、今考えるととても大事ですね。

今は家の中に自分の居場所がないなんて思わないし、姉２人と旅行に行く計画を立てるほど仲良くなれました。

第4章

不登校を解決する親と子の関わり方

自分と向き合いながら、子どもとの関係を修復していきたいもの。
修復するためには、親子という関係をどう考えるのか。
子どもの本当の幸せのために、親ができることは何か。
親子の適切な関わり方を、具体的に探っていきます。

「親が導くべき」を止めて自分の人生を充実させる

前章では、親自身を縛る「呪い」を見つめ直しました。

いよいよ本章では、**不登校の子どもの見守り方**をお伝えします。

まず、ここまで本書を読んでくれた親御さんたちの中には、子どもが立ち上がるために、**もっと積極的にアドバイスをしなくて良いのか？**と疑問に思った方もいるかもしれません。

実際、これまでに、たくさんの不登校児の親御さんの相談に乗ってきた中で、「子どもにどんなアドバイスをすればいいですか？」という質問をたくさんいただいてきました。私の回答は、いつも同じです。

「子どもは自力でなんとかするので、親は導かないでください」

そうお答えすると、ひっくり返るほど驚く人もいます。

それだけ「**親は子どもに教えるもの・導くもの**」という感覚が、日本人には根強いということでしょう。

私も娘の不登校で苦しんでいたときには、「私のアドバイスでサナが元気になれたら」といろいろな言葉を頭に巡らせていたものでした。

でも、**まったく効果がなかったのです**。

子どもは自分で人生を切り拓く

親は、**手出し・口出しをせずにただ見守る**。それが正しい関わり方です。

なぜなら、すべての子どもが潜在的に持っている「**人生を切り拓く力**」は、導かれて獲得するものではなく、自分自身でしか獲得できないからです。

「**子どもの可能性は無限大**」とよく言われるのは、親の教育次第で子どもの可能性が拡がる、という意味ではありません。

親は、しばしば自分が囚われている「呪い」のせいで、すぐに「〇〇すべき」「〇〇せねば」と子どもに教えたくなりますが、かえって子どもの可能性を狭めています。

もっとも、「親は子どもに教えるもの・導くもの」と考える人の気持ちもわかります。

明治時代に民法で「家制度」が確立されたことからもわかるように、日本人はずっと「**子どもに家を継がせる・墓を守らせる**」といった、家族の単位を重視する価値観で生きてきました。

人を個人としてではなく、家族の構成員と考えてきたのでしょう。だから、他の国に比べると「**子どもは親の所有物**」と思っている親が多い傾向にあります。

しかし、そろそろ子どもを、自分とは違う人生を歩む、一個体として尊重すべきことに気づかなくてはなりません。

よく「子どもは天からの授かりもの」と言われますが、「授かりもの」ではなく「**預かりもの**」と考えてみませんか？

預かりものはあくまでも所有物ではないので、自分が影響力を及ぼす対象ではない。

そういう意識で、子育てをするのです。

何も言わずに、**ただ親が幸せな人生を歩いている**姿を見せるのです。

考えてみてください。

親が毎日つまらなそうに仕事に出かけたり、家事をしたり、上司やご近所の人に対する愚痴をこぼしていたら、子どもはどう感じるでしょうか。

そんな大人になりたいなんて、とても思えませんね。

将来に希望を持てなければ、可能性が花開くことはありません。

だからこそ、親が自分の人生を充実させる必要性を、繰り返し説いているのです。

「自分の人生を充実させる＝子どもを放置」ではない

「親は自分の人生を充実させましょう」と言うと、不登校の子どもを置いて旅行に行くとか、子どもは部屋にこもってカップ麺を食べているけれど、自分は素敵なフレンチレストランに行くとか、身勝手な振る舞いを想像する人もいます。

もちろん、子どもを放っておいて、ぜいたくにイベントを楽しみましょう、ということではありません。

充実した人生とは、「**日常の中で、自分らしい選択をする**」ことです。

たとえば、身体を動かすのが好きでテニスを習っていたけれど、子どもが不登校になったからそばにいなくちゃ、とレッスンをやめる。

本当にそれが、自分らしい選択ですか？　ということです。

もちろん、「今はできるだけ子どものそばにいたい」と心から望むのであれば、それは自分らしい選択と言えます。

でも、「仕方がないから」「自分が家にいないと子どもが荒れるから」と、子どものせいにして、生き方を選択しないでいただきたいのです。

親は**子どもの親である前に、自分の人生がある**。

その人生を、親自身の選択で充実させていく。そんな姿に、子どもは何を感じ取るでしょうか。「親に放っておかれている」と不満を持つでしょうか。

むしろ、親の満足感が非言語で子どもに伝わり、「**そうか、自分も好きなように選択していいんだ**」と気持ちが楽になっていきます。

不登校は親が変わる最大のチャンス！

私自身も、子どもが不登校になってはじめて「まず自分が人生を充実させなくては、子どもも自分の道を選べない」ということに気づけました。もし、サナが不登校にはならず、心に不満をためたまま大人になっていたら……。

もっと大人になってから、取り返しのつかない事態になっていたかもしれません。

そう考えると、誤解を恐れずに言えば、

「**不登校になってくれて本当にラッキーだった！**」

心からそう思っています。

立ち止まって人生を修正する機会をもらえたのですから。

不登校をきっかけに、親子が生き方や親子関係を見直すことは、子どもがポジティブに人生を歩めるようになるだけでなく、親としても大きく変わるチャンスなのです。

まとめ

- 子どもには等しく人生を切り拓く力があり、それは自分で獲得する
- 親が充実した人生を歩んでいる姿を見て、子どもも真似したくなる

親子はそれぞれ自分の機嫌は自分でとる

「見守る」とはいっても、繰り返しになりますが、親、特に母親の感情は子どものそれと同化しやすいものです。子どもが落ち込んでいたり機嫌が悪かったりすると、自分の感情もざわざわと揺れ動き、落ち着かなくなってしまいます。

まずは、親子それぞれが、**自分の機嫌を自分でとれる**ようになりましょう。

自分のネガティブな感情を受け容れる

いつもご機嫌でいられれば良いですが、人間、そうはいきません。

誰しも感情の起伏があり、ネガティブな気分になることもあります。

子どもが不登校になってしまっている家庭なら、なおさらです。

メンタル・コーチングの分野では、多くのネガティブな感情は、**しっかり味わうと消えていく**と言われています。だから、無理に考えないようにしたり、忘れようとしたりするより、蓋をせずにしっかりと受け止めて味わう必要があります。

ところが、私たちのような親世代には、ネガティブな感情は「いけないもの」「良くないもの」と思い込んでいる人が多いので、**なるべく蓋をして見ないようにする**傾向があります。

私も、家族から、「機嫌を悪くするな」「泣くんじゃない」「怒るんじゃない」と、ネガティブな感情を否定されてきたので、マイナスな気分でいると怒られてしまうのではないか、という意識が潜在的にあります。

すると、前章の「呪い」の話ではないですが、自分と同じように子どもがネガティブになっているときには、「なんとかポジティブな思考に変えさせなきゃ」と必死になるのです。

しかし、みなさんも経験があることと思いますが、「見ないようにしよう」「忘れよう」と考えれば考えるほど、ネガティブな感情はかえって頭にこびりつくものです。

見てみぬふりをせず、しっかり認めて味わうためには、具体的には「**感情の実況中継**」をしてみることをおすすめします。

「今、私はイヤな気持ちになっている」
「何が私をそんな気持ちにさせるんだろう」
「雑に扱われて、大事にされていない気がするからだ」
「子どもの頃にもっと親に大事にしてもらいたかったから、今も気になるんだね」
「イヤだったよね、つらかったよね」

こんなふうに、実際に声を出さなくても頭の中で連想したり、書いてみたりすると、**ボンヤリ浮かんでいたことが言語化されて、ネガティブな感情を客観視できる**ようになります。

他にも、よく言われていることですが、**書くことは感情の整理にとても有効**だとされていて、こうした実況中継に限らず、とにかくイヤなことを紙に書き連ねて、それをシュレッダーにかけたり、ビリビリに破いたりするとスッキリします。

子どもからネガティブな感情を取り上げない

ネガティブな感情をきちんと味わわなくては消すことができないのは、子どもも同じことです。

しかし子どもが落ち込んでいたら、親はつい「自分がなんとかしてやらなくちゃ」と手出し・口出しをしたくなるもの。そうやって親が機嫌をとると、それは結局、**子どもから感情を取り上げる**ことになるのです。

親がつらい子どもを見てつらいのは、つまるところ「**つらそうな子どもを見る自分がつらい**」だけ。それを理解して、自分の機嫌をとれるような人間になってもらうのがベストです。

葛藤は成長です。もし子どもが部屋にこもって悩んでいるようなら、部屋のドアに「**○○ちゃん、ただいま成長中**」というプレートをかけているところをイメージしてみてください。

そしてもし、子どもの方から愚痴をこぼしたり、相談をしてきたりするなどのアプローチがあったら、全力で向き合いましょう。全力と言っても、張り切りすぎないでくださいね。

ただ、自分の思いを押し付けずに聞き切ること。

「**お母さんにどうしてほしい？**」と子どもに聞くのもいいと思います。

まとめ

- **親子の感情の同化を防ぐには、それぞれが自分の機嫌をとること**
- **自分の感情は客観視し、感情と向き合う我が子は見守る**

子どもの話を最後まで聞き切るには

さきほど、子どもの話を聞き切る、と述べました。

実は、これができている親は驚くほど少ないのですが、まったく自覚がありません。

そこで受講生同士で、「良くない話の聞き方」のワークをやってみると、みなさんようやく「**私、子どもの話をちっとも聞いていませんでした！**」と気づきます。

具体的には、まず2人一組になってもらい、「趣味について」などのテーマを設定したうえで、相手に「自分の話をちゃんと聞いてもらえていないな」と感じさせる、6つの「良くない聞き方」を実践してもらうのです（笑）。

聞き方その① 無反応

アイコンタクトはせず、うなずきや相槌もなし！

時計をチラチラ見たり、腕組みをしたりすると、より興味のない様子が伝わります。

聞き方その② 頻繁な相槌

聞き終わらないうちに繰り出す、頻繁な相槌が多すぎるのも逆効果です。実のところ興味がないことが伝わります。「聞いてますよ」というポーズに映ります。

聞き方その③ 否定的相槌を返す

話を聞いてはいても、「え〜」「でもさ〜」「そうは言ってもさ〜」など、自分の立場や気持ちで判断・反応すると、相手の気持ちを想像していないことが伝わります。

聞き方その④ 後ろ向きで聞く

耳では話に集中し、真剣に聞いていても、背中を向けているとそれが伝わらず、相手を拒否しているかのような印象を与えます。

聞き方その⑤ ながら聞き

スマホ・PCを見ながら、書きものをしながら、テレビを見ながら……。うまく時間を使っているつもりでしょうが、自分に集中していないことが伝わります。

良くない話の聞き方

今日学校で…
①無反応
……
今日学校で…
②頻繁な相槌
はい
はい
それで？
こう思うんだけど…
③否定的相槌を返す
でもさ～
そうは言ってもね
今日学校で…
④後ろ向きで聴く
そうなの…
今日学校で…
⑤ながら聴き
そうなの…
日学校で…
⑥相手の話を取る
そんなこと
よりね！

聞き方その⑥　相手の話をとる

「でもね、お母さんも大変だったのよ」「そんなとき、お母さんはね」と、自分の話をはじめることで相手を遮っています。「結局、話を聞く気はないのかな」と思われます。

2人一組になった受講生さんたちに、話す役と聞く役を交代してもらうと、聞く役になったときに「**ちっとも聞いてもらえていない……**」と実感するそうです。

親は忙しさを理由に、または「子どものためになる」と誤解して、悪気もなくこんな聞き方をしょっちゅうしているのです。

心当たりはありませんか？

みなさんもこのワークを、身近な人とやってみてください。これは子どもに対してだけでなく、**すべての人とのコミュニケーション**に役立ちます。

まとめ

- 子どもの話は「聞き方」が悪ければ聞いていないのと同じ！

子どもに安心感を与える６つの聞き方

では、子どもの話を最後まで聞き切るには、どうすればよいのでしょうか。
簡単なことです。
さきほどの、６つの「良くない聞き方」とは**反対のことをすればいい**のです。

①手を止めてしっかり目を見て
②過剰な反応はせず
③否定的な言葉を返さず
④きちんと向き合って
⑤相手の話に集中して
⑥自分の話題にすり替えずに最後まで聞く

これができれば子どもも、いつも忙しそうにしている親が、「**自分の話を真剣に聞いてくれている！**」と感じられます。

それは、「自分は大切にされている」という安心感にもつながるのです。

子どもとの会話以上に重要な家事はない

よく、「どうしても手を離せないときは、『**今は手が離せないからちょっと待っていてね**』と声をかけたうえで、時間ができたらしっかりと話を聞きましょう」という育児専門家のアドバイスを見かけます。

確かに、幼児期の子育てとしては正しいことだと思います。

しかし、学齢期以降、特に中高生が多い不登校児のケースでは、もう少し細やかに考えることが必要です。なぜなら通常の子育てとは違って、今、**切実に子どもとの関係を取り戻してセキュアベースを作るのが最優先事項だから**です。

たとえ会社に遅刻したとしても、出席しなければキャリアが終わってしまう会議でもない限り、子どもに向き合うことの方が大切ではないでしょうか。

たとえ掃除ができなくても死ぬわけではないし、食事の支度ができなければ後から買ってきてもよし、**子どもの話を聞くより大事な仕事・家事なんてあるわけがありません**。

ちなみに、娘のサナは不登校になっていた当時、私に「後でね」と言われたら**「後なんて二度と来ない！」**と思っていたそうです。

たとえ興味が持てない話でも

だんだん子どもが心を開いてくると、子どもが夢中になっているけれど、**親にとってはあまり興味のないこと**（ゲームやアイドルなど）について、延々と話し続けることがあります。

子どもの悩みや苦しみ、将来についての話をしっかり聞き切る大切さは理解していても、こうした子どもじみた話にはついつい興味のない顔をしてしまいがちです。

でも、ここでこそ、しっかり聞き切ることができるかが試されています。

大切なのは、子どもが発するどんな言葉にも耳を傾けること。「そんな苦しみがあったんだね」「将来はそんな人になりたいんだね」といった、いわゆる **〝重い〟話だけを真剣に聞けばいいわけではありません**。

日常のちょっとしたことや、興味が持てないようなことでも、**せっかく子どもが話そうとしてくれている**のです。我が子がどんなことに興味を持ったのか、その魅力はどこにあるのか、知ろうとすれば印象も変わるはずです。

意外に、話を聞くのが楽しくなることもあります。

何より「子どもの興味に興味を持つ」ということは、子どもにとっては「**親が自分の好きなことを知ろうとしてくれている、関心を示してくれている**」という、自分の存在の「**承認**」にもつながるわけです。

まとめ

- **正しい話の聞き方は、「良くない話の聞き方」を考えれば簡単**
- **重い話だけではない、くだらない話にこそ耳を傾ける努力を**

承認シャワーで子どもの生きるエネルギーを満たす

親が自分の存在を「承認」してくれることが、なぜ大事なのでしょうか。

それは、**子どもが生きるうえでのエネルギーになる**からです。

みなさんは、「**マズローの5段階欲求**」をご存じでしょうか。

アメリカの心理学者アブラハム・マズローが提唱した理論で、人間の欲求を5段階のピラミッド構造で表しています。

下から順に「**生理的欲求**」「**安全の欲求**」「**社会的欲求**」「**承認欲求**」「**自己実現の欲求**」から成ります。人間は下の欲求から順番に満たしていき、最終的には最上段の「自己実現の欲求」を満たして自身の可能性を十分に追求できるようになります。

私はこのピラミッドを見て、ある仮説を考えつきました。

親が手当てできる最上位の欲求

下から順番に見ていきましょう。

「**生理的欲求**」は、親が衣・食・住の面倒を見ているので、不登校の子どもでも、唯一満たされている部分です。

ただ「**安全の欲求**」になると、もう怪しくなってきます。

不登校の子どもは「学校には自分の居場所がない」と不安を感じて不登校になっているので、2段階目は満たされていません。親は家を安心なセキュアベースにできても、学校での居場所を作ることはできません。

3段階目の「**社会的欲求**」の「社会」も、親が提供できるのは「家族」だけなので、集団に帰属したいという欲求の大部分は叶えることができません。

一方で親は、「どうしたら、この子は自分の好きなことや進路を見つけてくれるんだろう」と2～4段階をすっ飛ばして「**自己実現の欲求**」を子どもに求めがちです。「**安全の欲求**」すら満たされていないのですから、叶うはずもありません。

しかし、上位4段階で唯一、**家庭で親が手当てできる領域がある**のです。

マズローの欲求５段階説

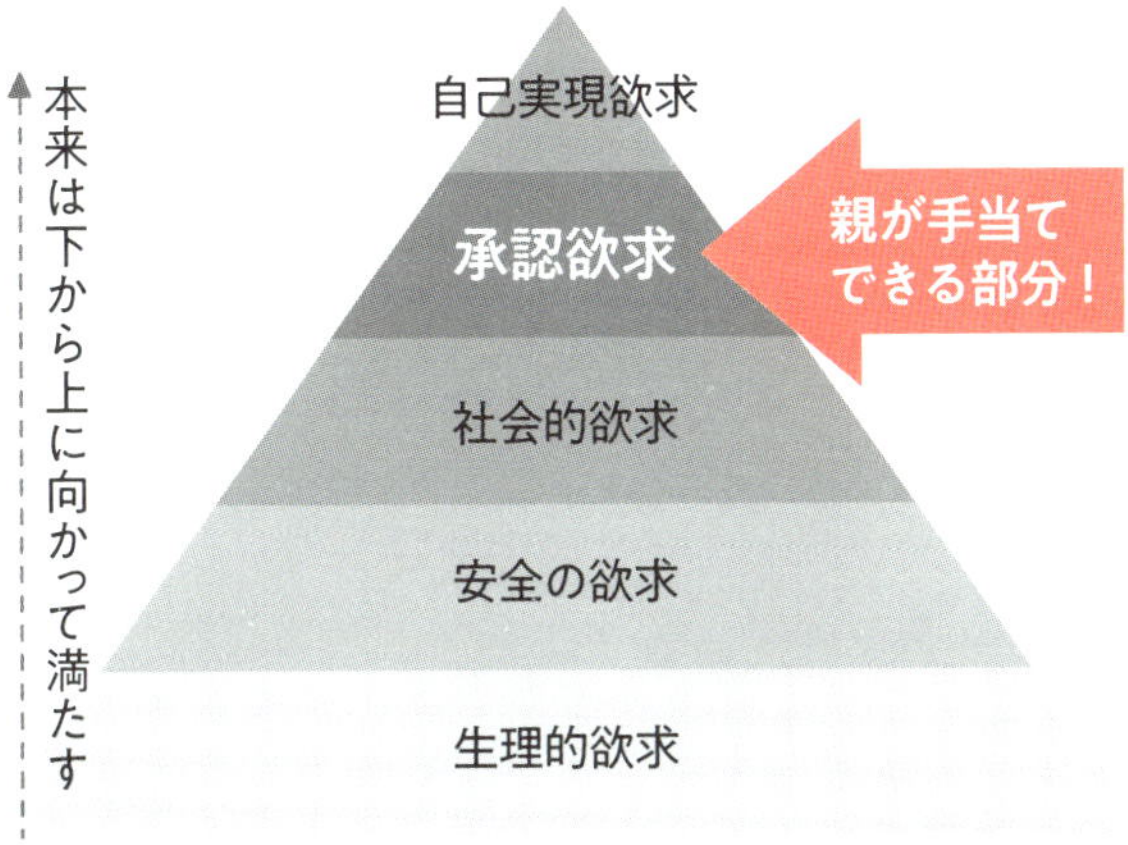

そう、４段階目の「**承認欲求**」です。

親が、日々シャワーのように、徹底的に承認を浴びせる。そのことで、子どもの承認欲求は必ず満たされます。

本来は下から上に向かって欲求を満たしていきますが、「**承認欲求**」を満たし切ることで、下位２段階の欲求も手当てされる、というのが多くのご家族の相談に乗ってきた私の仮説です。

そこまでくれば、ようやく「**自己実現の欲求**」のフェーズに入っていける。

学校に戻っても戻らなくても、**自分の道を選び取っていける**「生きるエネルギー」が満ちた状態になります。

承認の3つの種類

では、どうすれば子どもの「承認欲求」は満たされるのでしょうか。

承認には3つの種類があります。

承認その① 結果・成果の承認

結果や成果を出したことに対し、評価を加えずに「**できたね**」と伝えることです。

簡単なようですが、多くの場合「できたね、すごかった！」「こんな結果を出せるなんてえらい！」のように、評価を加えてしまいがちです。

しかし、評価を加えると、それは承認ではなくほめることになってしまいます。

よく「ほめて育てるべき」とか「人はほめられると伸びる」と言います。でも、ほめることはすばらしいことであるのと同時に、リスクも孕んでいるのです。

それは、「結果を出せたからえらい」「できたからすばらしい」というように、**条件付きでしか認められない**という印象を与えてしまうことです。

実際、アドラー心理学ではほめる行為は「上の人が下の人を格付けする」という縦の人間関係の中で行われることであり、格付けされなくなったり、逆に「できないね」と下位に格付けされたりすると、意欲を失ってしまうとされています。

家族は縦の関係ではなく、**尊重し合う横の関係であるべき**なので、基本的に評価を加えずに、できたことを承認するのが望ましいということです。

もちろん、一切ほめるなということではありません。

子どもが親から常に承認されているという安心感を得られていたら、評価を加えたほめ言葉であっても「条件付き」とは受け取らないでしょう。

承認その②　過程・変化の承認

「**ここまで頑張ってきたね**」「**髪を切ったんだね**」のように、相手の努力や変化について言及します。

それによって、「**あなたをちゃんと見ているよ**」というメッセージになるのです。

子どもは、いつでも親に見ていてもらいたいもの。それが実感できれば、安心します。

承認その③ 存在の承認

会話があまりない親子にも簡単で効果的な方法があります。78ページでも紹介しましたが、**名前を呼んで、日々の挨拶を欠かさない**ことです。

たったそれだけで、相手の存在を承認しているということが伝わります。

物足りなく感じるかもしれませんが、実際にお子さんに呼びかけるときに「ねえ」とか「ちょっと」ではなく、**名前で呼びかけていますか?**

「**おはよう**」「**おかえり**」「**おやすみ**」とまめにあいさつしていますか?

そして、子どもの感情を大切にすることも、存在の承認になります。湧き上がる感情は、その人そのものです。感情を受け止め、否定せずに聞き切ることも、「あなたのことを大切に想っている」という、存在の承認になるのです。

3種類の承認をいつも意識して、**承認のシャワー**を日々お子さんに浴びせましょう。

まとめ

- 5段階欲求のうち、「承認欲求」が親が手当てできる最上位のもの
- 承認は実況中継やあいさつでいい。日々の実践が大切

表面的な共感は逆効果を生むことも

子どもの話を聞くときに、気をつけてほしいことがあります。

会話とは切っても切り離せない「**共感**」という行為です。

アメリカの臨床心理学の大家だったカール・ロジャーズの言葉に、「**人は誰でも受け容れられ、安心することができれば、自分自身を成長させようとする力を発揮できる**」というものがあります。

それだけ、共感というものが与えてくれるエネルギーは大きいのです。

その力を理解している親も多いのですが、中には、共感と「**同調**」をいっしょくたにしている人が少なくありません。

共感と同調の違い

「同調」とは、**人に合わせる**ことです。

会話の中で、流れを止めたくなくて「**うん、わかるわかる**」と同調してしまうことはありませんか？　これは本当の共感ではなく、表面的な共感でしかありません。

信頼関係のある、同じような体験をした人から「わかる」と言われれば、それは共感だと受け取れます。

でも、不登校のただ中にある子どもにとって、親はそういう存在でしょうか？

不登校の場合はむしろ「**親には自分の気持ちをわかってもらえない**」という思いが前提としてあるのに、「わかるわかる」と言われてもイラっとするだけなのです。

「本当はわかってくれていないし、わかろうとさえしていないじゃないか！」

子どもはそう思います。もちろん、親もウソをついているわけではありません。本当にわかっているつもりなのです。「子どもの気持ちは自分が一番わかっています」と言い切る親もたくさん見てきました。

一方、同調は共感ではないと気づいていて、安易に「わかる」とは言わず、「こんなにつらいんだ！」という子どもの言葉に対して「あなたはそう思うんだね」とすべてを否定せずに受け容れていた親もいました。

それはそれで、**「お前はロボットか！」**と批判されてしまったそうです。一見、正しい対応のように見えますが、なぜお子さんから拒否されたのでしょうか。

これは「そうだね、そう思うんだね」と繰り返す中で、口に出しては言わないけれど、**「私はそう思わないけど……」**と思いがあり、その非言語を子どもが読み取ってしまったものと思われます。

これも、表面的な言葉で対応してうまくいかなかった例です。

負の感情への対応に注意

少しずつ子どもの心が和らいでくると、テレビやゲームの話題など、何気ない会話も増えていきます。こういうときには「わかるわかる！」と会話を盛り上げるのは悪いことではありません。

ただ、重い話のときには表面的に同調すると、**かえって信頼を失う**恐れがあります。特に、「怒り」など**負の感情**に対して、簡単に同調してしまうと、それを増幅させてしまうこともあるので注意が必要です。

たとえば、友だちに怒りを向けていたら、「その子、ひどいね！」と一緒になって怒るようなことは避けましょう。

ますます「そうだよね、ひどいよね！」と負の感情を強めるだけです。

怒りの矛先である友だちではなく、怒っている我が子の心に共感するべきなのです。なぜ怒りが湧いたのかを聞いて、「バカにされたんだよ」「**そうか、くやしいよね**」とか、「悪口を言われたんだ」「**そうか、傷ついたね**」と、**怒りの源となった感情**の方に寄り添いましょう。

本当の共感とは？

では、本当に共感とはどういうことなのでしょうか。私がカウンセラーの勉強をする中で学んだ「**本当の共感の定義**」とは、次の5つになります。

①相手の世界に入り込み、時代背景や性別など、その人になったつもりになる
②「もし相手だったらどんな感情、感覚を持つのか」を想像しながら話を聞く
③常に相手と同じ気持ちになる姿勢を忘れない
④相手が反応を求めたときだけ共感する言葉をかけるのではない
⑤同じ気持ちにはなれなくても、想像して自分も感じたことを話す

まとめると、**本気で相手のことを想像し、わかろうと努力する**ことが大事です。

その真摯な姿勢が非言語で相手に伝わったときにはじめて、相手も「共感してくれている」と感じます。

私たちは他人の話を聞いていて、**わかったつもり**で、実は想像もしないで決めつけていることが多いのです。そこに悪気はなくとも、相手が傷つくことがあります。

私にも、「**誰にもわかってもらえない**」とつらく苦しい日々を送った経験があります。

実は、**はじめての子を死産する**という経験をしました。

妊娠25週目でお腹の中で亡くなってしまった子ども。

そのままにはしておけないので、出産しなければならないのです。

病院で元気な産声が聞こえる中、風船で無理やり産道を開き、産声を上げないとわかっている子を産む。地獄のような経験でした。696gだったその子を、30年以上経った今も、**1日たりとも忘れたことはありません**。


何カ月も毎日泣き続け、死にたいとまで苦しんでいた私に、友だちや親戚、知人がいろいろな言葉をかけてくれました。みんな親しい人たちですし、それは100%の善意から出たものだったとわかっています。

それでも、「**わかるよ**」「**つらいよね、だけど早く忘れた方がいいよ**」という言葉には、さらに傷ついたしイライラしました。

同じ体験をしていないあなたたちには、私の気持ちなんてわかるはずないでしょ！

一生忘れたくないのに、闇に葬れと言うの？　逆に覚えていてほしいのに……。

そんな私に、毎日病院に来て背中をさすってくれた母が、あるとき言いました。

「私はあなたほどのつらい経験をしたことがないから、あなたがどのぐらいつらいのかわからない。でももしあなたの立場だったらと思うと、私も死んでしまいたいと思うほどつらいと思う。何もしてあげられなくてごめんね」

この母の言葉を聞いて、やっと「**わかってくれた人がいた！**」と私は思いました。

やがてカウンセラーの勉強をして「本当の共感」の概念を知り、あの母の言葉がまさにそれだったと理解したのです。

結局、他人と完全に同じ気持ちになることなんてできないのです。だからといって、**同じ気持ちにならなければ共感できない、というわけではありません**。

同じ気持ちになれなくても、相手の立場や気持ちを真剣に想像すれば、自分の気持ちは確実に動きます。そして、その様子は、言葉に出さずとも相手に伝わるのです。

まとめ

- **中途半端に同調すると、信頼を失ったり負の感情を増幅したりする**
- **同じ立場にはなれなくとも、本気で想像することはできる**

Column サナッチ先生が教える不登校の子どもの気持ち④

不登校になっていなかったら、どんな人間になっていたんだろう

中学・高校の6年間って、「青春♪」の時期ですよね。

でも、私はそれを味わうことができなかった。

率直に、本当に、残念だったなと思います。


ただ、あの学校に入学しなければ出会えなかった大切な友だちや恩師がいるから、そういう存在と関われたのはありがたいと思っています。

でも、教室でみんなとおしゃべりしたり恋愛したり、そんなごく普通にみんながイメージする青春は送れなかった。

そういう心残りがあるから、「めちゃくちゃいい経験でした♡」とニコニコしながら振り返ることはできないけれど、「いい経験だった」とは思っています。

不登校を乗り越えたからこそ、今の自分のキャラクターがあるし、そのおかげでできた友だちもたくさんいるから。

何より、強くなれました。

もし、あの経験をしないまま、ただレールに乗って人生が進んでいたら、私ってどうなっちゃっていたんだろう。どんな人間になっていたんだろう。

ずっと言語化できない劣等感を持ち続けて、それを消化できないままだったんじゃないか……。姉たちとの間に感じていた微妙な距離感も、きっと縮まらなかっただろうな。考えてみても、「きっと今よりいい人生だった」とは思えなくて、むしろ怖いくらいです。今は、家族と何の気兼ねもなく話せるようになりました。

でも、いい経験だなんて、当時は絶対に思えなかったです。

毎日、本当に死ぬほどつらかったので。

「いい経験だった」

この言葉は、家族が変わってくれたから、私も変わることができて、今が楽しいからこそ、言えることだと思います。

第5章

親も子どもも自分らしい人生を歩む

親が子どもにできるのは
介助するヘルパーになることではなく、
応援するサポーターになることです。
どうすれば理想的なサポーターになれるのか。
それをお伝えすることが、最後のまとめであり、
みなさんが不登校のお子さんと関係を修復するための
スイッチにもなると信じています。

子どもの思いを尊重し受け止める

ここまで、子どもを見守り切るための関わり方、とりわけ話を聞く・共感する姿勢について解説してきました。

ただ、そう事が簡単に運べば苦労はないわけでして、子どもは、これまで「わかってくれない」と思っていた親の態度が変わったのを見て、「**本当に話をちゃんと聞いてくれるのかな**」と、親を試すような行動に出るのです。

仕事から帰ってきてご飯の支度をしているお母さんに、「コンビニで○○買ってきて」と頼む。高価なものを「買ってほしい」と要求し、どんどんエスカレートしていく。夜中に寝ているところをわざわざ起こして、まったく緊急性のないくだらない話を延々と続ける。

要求をどこまで聞いてくれるのかで、**親の本気度を計ろうとしている**のでしょう。

でも、そこで言いなりになる必要はありません。

大事なのは行動に応えることではなく、その**裏にある思いに気づく**ことです。

つまり、「〇〇が欲しい！」と要求されたとして、その気持ちを理解して受け止めることが大切であり、**実際に与えるかどうかはあまり重要ではありません**。

子どもは、親が思いをしっかりと受け止めてくれたと理解したら、納得してだんだん落ち着くので安心してください。

アサーティブ・コミュニケーションで受け止める

では親が「行動の裏にある思いを受け止めたよ」と子どもに示すには、どうしたらいいのでしょうか。

私がおすすめしたいのは、「**アサーティブ・コミュニケーション**」という、相手の気持ちに配慮しながら自己表現をするコミュニケーションスタイルです。

人間にはもともと2種類のコミュニケーションスタイルがあります。それは、相手よりも自分を優先する「アグレッシブ・コミュニケーション」と、自分よりも相手を優先する「パッシブ・コミュニケーション」です。

この生まれ持ったスタイルに加えて、人との関係性の中で学んで体得するのが、アサーティブ・コミュニケーションで、ビジネスの現場でよく用いられています。

アサーティブ（ASSERTIVE）とは、自分の考えや意見を率直に表現すること。

自分と相手、どちらも尊重しながら、うまく自己表現して、円滑な関係を築いていくことを目指します。

その実践法に「**DESC法**」というものがあり、私はこれを親子間でも実践することをすすめています。


DESC法とは、「**Describe（描写）**」「**Explain（表現）**」「**Specify（提案）**」「**Choose（選択）**」の頭文字を取ったものであり、この順番で自分の気持ちを伝えると、相手とちょうどいい関係性を保てるのです。

具体的に説明するために、子どもが「高額なゲーミングチェアを買って欲しい！」と要求してきたケースを例に挙げてみます。

まずは「あったら嬉しいね。欲しいんだね」と受け止め、DESC法に入ります。

DESC法

Describe 描写

状況や相手の言動を客観的に描写する

Explain 表現

主観的な気持ちや考えを建設的に伝える

Specify 提案

相手にどうして欲しいか伝える

Choose 選択

選択する

D（描写）：欲しい気持ちはわかるけど、ゲームソフトも買ったばかりだよね
E（表現）：買ってあげたいとは思うけど、無限にお金があるわけじゃないの
S（提案）：お誕生日に、いくらか出してあげる。それにお年玉を足して買ったら？
C（選択）：じゃあ、お誕生日プレゼントに1万円まで出すね！

DESC法ではこのように、相手の気持ちに十分配慮していることを、わかりやすく伝えられます。「こんなに順を追って説明しなきゃいけないの……？」と思うかもしれませんが、家族間では、どうしても言葉かけが雑になってしまいがち。

丁寧に**相手と向き合おうと思えば言葉は増えるもの**なのです。

もちろん、丁寧に伝えても子どもが納得しないことは多々あります。それでも繰り返し「**できないことはあるけれど、あなたの気持ちは尊重したい**」と伝えていくことによって、子どもも気持ちを受け止めてもらえた、と感じるようになっていきます。

まとめ

● **要求に応えるのではなく、裏にある思いを受け止めるのが大事**

親子間に境界線を引くことを忘れない

１２９ページで、家族のあるべき姿として「世代間に境界線が必要」だということをお伝えしましたが、実は**人対人の関係すべてには境界線があるべき**だと、ぜひ知っておきましょう。

境界線というと、まるで高い壁や有刺鉄線で区切られているかのように、冷たいイメージを持たれるかもしれませんが、そうではありません。**弾力性のある、ベールのようなもの**だと考えてください。

人と人を分かつものではなく、**個人の領域を守るためのもの**なのです。同世代の夫婦の間にも、兄弟姉妹の間にも、それぞれの個人の領域を守る境界線があります。

しかし、母親はつい、この境界線を破って子どもの領域に入り込んでしまうもの。そうすると、子どもが友だちとうまくいかなければ自分のことのように悲しくなるし、子どもに好きな人ができれば気になって落ち着かない。

つまり、同化して感情を共有しすぎる「**厄介な親**」になるんですね。

そして、子どもが決めるべきこと、失敗しながら学んでいくべきこと、すべて親が横から手を出して**子どもの人生をハンドリングしてしまう**。

本当は、子どもは親に境界線を越えてほしくないはずです。

でも、子どもは「入ってこないで！」とはなかなか言えません。そして、親が子どもの領域に踏み込むのと同じように、子どもも「親が喜ぶことを頑張る」「親が悲しむことはやっちゃいけない」というように、**親の感情を生きる**ようになります。

これは自立を妨げたり、親と共依存の関係になったりすることにつながります。

子どもから学びの機会を奪うことが一番怖い

親は無意識に境界線を越えることが、子どもの自立を妨げるかもしれないということに、まず気づきましょう。そして、**子どもの人生の責任を負うのは決して親ではなく、子ども自身である**ことを理解しましょう。

そんなことはわかっている！　と抗弁する親御さんは多いです。でも、実際にできていないからこそ、不登校などの形でひずみが現れているのです。

子どもの行先に落ちている石を拾い、転ばないように気遣うことは、子どもの人生のサポートにはなりません。もし転んだとしても、**自分で起き上がり、次は転ばないという学びにつなげる**のは、他ならぬ子ども自身なのですから。

私も石を拾うタイプの親でしたから、子どもが転ぶところを見たくないという気持ちは痛いほどわかります。でも、勇気を出して「自分が導かなくちゃ」「いい人生を送れるように手助けしなくちゃ」という思いを手放してください。

手放せなければ、**失敗から学ぶ機会を子どもから奪う**ことになります。

それが何より一番怖いことです。

まとめ

● **親子間にも境界線を引けないと、結局は子どものためにならない**

親子の境界線を保つ3つのコツ

では、親が無意識に子どもの領域に入っていかないためにはどうすればいいのか。

私はいつも**3つのコツ**をお伝えしています。

ぜひ、心に留めて、日々意識してみてください。

コツその①「ご機嫌でいてほしい」という気持ちを捨てる

境界線を踏み越えている親は、落ち込んでいる子どもを見たくないケースが多いです。自分もその感情を共有して、落ち込んだ気分になるからです。

子どもがいつもご機嫌でいてくれれば、自分も穏やかでいられるのです。

子どもが小さいうちから、ご機嫌を取ることに夢中になっている親は、**子どもが大きくなっていってもずーっとご機嫌を取り続けます**。

すると子どもは、どうすれば自分の機嫌を手当てできるのか、わからなくなります。その結果、親の庇護の下にいられないところで、自分の感情をコントロールできなくなるわけです。

葛藤の時間が、子どもを成長させるのです。ぜひ、**気が済むまで葛藤させてあげてください**。そして親は、「どうしたの」「何があったの」と聞き出そうとしないこと。もちろん、ただ放っておくのではなくて、温かい飲み物を持って行ったり「いつでも話を聞くよ」と伝えておいたりして、サポート体制は整えておきましょう。

コツその② 心配ビームを信頼ビームに変える

自分では子どもを見守っているつもりでも、傍から見れば「**見張り**」になっていることがよくあります。子どものことが気になって、後ろからそっと見守るのではなく、行動を常に把握しておきたいと見張ってしまうのです。

気になって見張ってしまうのは、「あの子は大丈夫かしら？」という心配があるから。そして、その心配は「**心配ビーム**」となって子どもに降り注ぎます。

子どもは、非言語を読む天才でしたよね。

子どもはこの心配ビームを感じ取り「**自分が信頼されていない**」と解釈します。信頼されていない自分を、肯定することなんてできませんよね。自己肯定感が低ければ、不登校から前に進むエネルギーなんて湧いてくるはずがありません。

子どもの力を信じて、ぜひ心配ビームを「**信頼ビーム**」に変えましょう。

とはいえ、ずっと心配してきたのに、いきなり信頼するなんて難しいですよね。

それなら、「信頼しよう」と気負うより、子どもにばかり向けていた目を自分自身に向けてみて、毎日を充実したものにしていく努力をしてみてください。

自分の人生が充実していけば、自然と「子どもの人生は、子ども自身が切り拓いていける」と信じられるようになるのです。

そうなれば、にっこりうなずくだけで子どもに信頼ビームを出せるようになります。

コツその③　気持ちが入らなくても形から入る

「楽しいから笑うのではない、笑うから楽しいのだ」

これは、アメリカの哲学者・心理学者ウィリアム・ジェームズの言葉です。

心配ビームを出すことが身体に染みついてしまった人は、この言葉を思い出してください。

つまり、「**形から入ってもいい**」ということです。

最初は気持ちが入らなくても大丈夫。ただ、信頼している風に子どもににっこりうなずいてみましょう。ちょっと余裕のある表情を作って、「大丈夫そうね」とつぶやくのもおすすめです。

それを続けていくと、いつか本当にそう思えてきます。

まとめ

● **子どもを心配し、ご機嫌を取ることが葛藤するチャンスを奪う**

親は子どもの「生涯サポーター」を目指そう！

相手の領域に入り込まず、境界線の外から精一杯の声援を送る。

私が目指すこの親子関係にそっくりだと思うのは、**サッカーチームとサポーターの関係**です。

サポーターにも自分の生活がある

サッカーチームのサポーターは、献身的に、時間を使って全力の応援をしますが、24時間チームについて回るのではなく、**自分の生活がきちんとある**のが普通ですよね。

試合に駆けつけて太鼓を叩き、チャントを歌い、選手の名前を大声で叫びます。

でも、試合のない日には仕事や家事、プライベートの用事などで、それぞれ自分の生活を送っているわけです。

親も、こんなふうに**子どものサポーター**になってほしいのです。

それも、命ある限り応援する、**生涯のサポーター**です。

子どもにとって親の影響を最も強く受けるのは、思春期といわれています。

でも、大人になってからも、ふと親の顔が浮かぶこともありますよね。

思春期にいつも「信頼ビーム」を送れるような関係を築いておけば、子どもが何歳になってもサポーターとして応援は続けられます。

幸せの伝播は「今、幸せです」と言える人から

子どものサポーターになるには、話を聞く、励ます、見守る、のように、こちらからアプローチする方法もありますが、子どもに対して何もしなくても役に立てることはあります。そう、何度も言うように「**今、私は幸せです**」と言えるように毎日を充実させることです。

「**幸せな気持ちは伝播する**」とよく言われています。

これを示唆する研究結果もあり、ハーバード大学医学部（現イエール大学）の博士とカリフォルニア州立大学サンディエゴ校の博士が20年間にわたって約5000人を追跡調査した結果、幸せは伝播していることがわかったそうです。

幸せは、「今、私は幸せです」と言える人から伝わっていきます。

自分よりも家族を優先して我慢する人や、どこか満たされずに「いつか幸せになりたい」と願っている人からではありません。

だから、**身近な家族の幸せを願うのであれば、まず自分が幸せになる**ことが大切です。「自己を犠牲して家族に尽くすのが理想の母親」だという呪いに囚われていると、子どもに幸せが伝わらなくなってしまうのです。

最近、サナに言われました。

ママ、不登校だった私のおかげで、生き生きと楽しそうに仕事をしているよね。休みの日にはパパと旅行やゴルフに行って、めちゃくちゃ充実しているじゃん！

それを見ていて、良かったなと思うんだよね。

もしママの人生がつまらなそうだったり不幸そうだったりしたら、多分ママが死んだときに、私は罪悪感を持つと思う。私がママを苦しめていたからだ、って。

でも今のママを見ていたら、ママが死んでも罪悪感を持たなくて済む。

本当に良かった。ママが楽しそうだから私も楽しい！


この言葉は、とても嬉しかったです。

子どもは親の表情をいつも見ているもの。私の**充実した毎日がサナに伝わって、それがサナの心の安定につながっている**ということですよね。

やっぱり幸せは伝播していきました。

困っているときは親も「助けて！」と言おう

それでも、子どもが自立できるのか心配で、自分の人生より子どもの人生を見てしまう人が多いのですが、それは「**自立**」**の意味をはき違えている**からかもしれません。

「自立って何ですか？」と聞くと、多くの親は「自分のことを何でもできて、人に迷惑をかけないこと」と答えます。

しかし、自立にはもうひとつ、忘れてはいけない大事な要素があります。

「困ったときに、適切に助けを求められること」です。

それができず、人に迷惑をかけないよう、すべてを自分でやろうと無理を重ねれば、自身を苦しめることになります。

だから、子どもには人に助けを求められるようになってもらわなくてはなりません。

そのためには、親自身も困っているときには「**助けてください**」と言うことです。

私たち人間は、大人になっても試行錯誤を繰り返しながら学ぶ動物です。

自立していても、わからなければ聞き、困ったら助けてもらう。

そうやって社会の中で生きていきます。

「人さまに迷惑をかけちゃいけない」ではなく、「**どうしても迷惑をかけ合うものだから、お互いさま**」の精神を持ちたいですね。

大人も試行錯誤するのですから、**子どもが悩んだり迷ったりするのは当たり前**。そんな子どもの姿をきちんと受け止めて、生涯サポーターとして寄り添っていけたら、きっと親子の関係は心地よいものになるはずです。

今、不登校のお子さんのことで悩んでいるお父さん、お母さん。どうぞ「助けて」と言ってください。私も同じように苦しかったからこそ、お役に立ちたいのです。

まとめ

- **理想は子どもの「生涯サポーター」！**
- **「私は今、幸せです」と言える人から幸せは伝播する**
- **「自立」には「必要なときに助けを求められる」ことも含まれる**

Column サナッチ先生が教える不登校の子どもの気持ち⑤

そのままの自分を受容さえできたら、なんとかなる

今、不登校で悩んでいる人やそのご家族へ、私が最後に言いたいのは、「大丈夫！なんとかなるよ」ということです。

学校に行かなくても、途中で退学しても、人生、絶対になんとかなる。中学卒業したらすぐに高校に入学して、高校卒業したら大学や専門学校に入学するか、就職するかが当たり前と思っているかもしれないけれど、そんなのどうでもいいです。

そんなことより、心を充実させることに意識を向けてほしいと思います。自分を受け容れることができたら、どうなろうとも生きていけるから。

たとえば私が大学4年生で、来春からの就職先が決まっていないとします。

今の私なら、「何しようかな、海外でワーホリでもしようかな♡」と思えますが、もし不登校の頃のメンタルのままだったら、「自分は就職できないゴミです。生きていてごめんなさい」という気持ちになっていました。

同じ出来事でも、自己受容感があるかないかで、まったく感じ方が違うんですよね。だから、今どんな状況であっても、楽しく生きていける精神状態に持っていくことが大事。経験から、私はそれを実感しています。

先日、中学高校時代に「ツラいね」「最悪！」「死にたいよね」と同じような悩みで共感していた、仲の良い友だちと会いました。

そこで語り合ったのは、なんと将来の夢をいろいろ！

「待って！　私たち成長してる。死にたかったなんてウソみたいだね」と泣きながらお酒を飲みました。

今は信じられないこともよくわかるけれど、そんな日がいつか来ます。

まわりから否定されることなく、自分を受容できたら、必ず！

おわりに

２０２４年の10月時点で、小中学生の不登校の子どもの数は、34万人に上りました。高校生以上は不登校児の数には入らないため、実際にはもっとたくさんの子どもが学校に行けなくなっているのです。この数字が表しているのは、現代を生きる子どもたちが「今の学校システム、ひいては社会を窮屈で苦しいもの」と感じている、ということだと思うのです。

「私たちの子ども時代には、どんなにイヤでもつらくても、学校には行っていた。だから今の子どもたちはわがままだ！」という大人の声も聞こえてきます。

でも、私はそうは思わないのです。

カウンセリングの大家、カール・ロジャースの言葉に「人間を含むすべての生命体は、自らの未来を良くしていこうとする、実現傾向がある」というものがあります。

「実現傾向」という言葉についてロジャースは、好ましい環境であろうとなかろうと、有機体（生物）の行動は自らを維持、強化し、再生産する方向に向かっている。これが「いのち」のプロセスの本質だと言います。

ロジャースは、地下に置かれたジャガイモの芽が、わずかな光に向かって伸びていく様を見て、この言葉を発したと言われています。

「自分の未来をより良いものにしたい」という本能は、どの子どもにも備わっているのです。その子どもたちが学校を前に動けなくなっていることを、我々大人が「わがまま」で済ませて良いわけがありません。

私たち親世代が子どもだった数十年前と今とでは、環境も働き方も、大きく変化しています。その時代に隆盛を誇っていた企業が衰退し、新しい職業が出現し、これからはＡＩに仕事をとられてしまうケースも増えてくるだろうと言われています。

これだけ科学が発達して時代が変わっているのだから、私たち人間も考え方や思考のクセを見直し、アップデートする必要があるでしょう。

どんなソフトウェアも、こまめにアップデートしないとバグが起きますよね。

今、不登校の子どもや、無気力に陥る子どもが増えているのは、新しい時代に育っている世代と、古いままの社会の間でバグが起きている状態だと思うのです。

解消するためには子どもたちを古い価値観に合わせようとするのではなく、私たち親世代のアップデートが必要だということです。

そのことに気づくことが、不登校に限らず、親子関係で悩む親御さんの明るい未来につながると、私は信じています。本書がその一助となり、一組でも多くの親子に笑顔が増えることを願ってやみません。

最後になりますが、何度も我が家に通ってミーティングを重ねていただいた、株式会社すばる舎の吉本竜太郎副編集長、ライティングをサポートしてくださった尾﨑久美さんには感謝してもしきれません。

また、出版企画から、販売促進のイロハまで教えてくださったSNS×出版戦略プロデューサーの天海純さん、書籍コーディネーターとしてお世話になった有限会社インプルーブの小山睦夫さん、株式会社マーケティングフルサポートの仙道達也さんはじめスタッフのみなさまにも感謝を申し上げます。

そして、「KET理子塾」の事務局スタッフのみんな、認定講師たち、受講生さま、発信をいつも見てくださっている方々、私の活動を応援してくれている家族、すべての方々に心からの感謝の気持ちをお伝えいたします。

ありがとうございました。

2025年1月

鈴木理子

著者略歴

鈴木 理子（すずき・りこ）

一般社団法人家族心理サポート協会 代表理事
株式会社ファミリータイズ 代表取締役
慶應義塾大学文学部卒業。国内航空会社で国際線客室乗務員として8年間従事した後、研修講師として独立、約15年で延べ2万人以上をサポート。
自身の三女が中学3年生で不登校になり、学んできた心理学、カウンセリング、コーチングなどを活かして親子のコミュニケーションを徹底的に見直す。
娘は元気になり、希望の大学に無事合格。4年間大学生活を楽しみ尽くした後、現在は社会人として自分の道を歩き出している。
この経験を基に、「家族に笑顔を取り戻すKET理子塾」と題した親子心理・コミュニケーション講座を主宰している。現在までに延べ約600名が受講し、多くの親子が笑顔に戻るお手伝いをしている。復学を目的にはしていないものの、受講後1年後の復学･就職率は約93%に上る。経験者目線、母親目線の講座は定評があり、受講生アンケートでは99%から高評価（5段階評価の5と4）を受けるなど、多くの親の支持を得ている。

家族に笑顔を取り戻す KET 理子塾
https://family-ties.jp/lp/rikojuku/

元・しくじりママが教える
不登校の子どもが本当にしてほしいこと

2025年1月23日　第1刷発行

著　者――鈴木 理子
発行者――徳留 慶太郎
発行所――株式会社すばる舎
〒170-0013　東京都豊島区東池袋3-9-7 東池袋織本ビル
TEL　03-3981-8651（代表）　03-3981-0767（営業部）
FAX　03-3981-8638
URL　https://www.subarusya.jp/
装　丁――市川 さつき
図　版――株式会社ウエイド（稲村穣・森崎達也・三浦佑子）
校　正――ペーパーハウス
編集協力――尾崎 久美
企画協力――有限会社インプルーブ
印　刷――ベクトル印刷株式会社

落丁・乱丁本はお取り替えいたします

ISBN 978-4-7991-1287-8